José Luis Trullo

RETORNO AL HUMANISMO

Lecturas de sabiduría perenne

1ª ed., octubre de 2024

Imagen de portada:
Giorgio Vasari, *Seis poetas toscanos* (1544), detalle
Minneapolis Institute of Art

Los humanistas que se ven en la portada son, de izquierda a derecha: Marsilio Ficino, Francesco Petrarca, Giovanni Boccaccio, Dante Alighieri y Guido Cavalcanti.

Diseño de portada: Radu Marques
Corrección ortotipográfica: Manuela Fisterra

Una iniciativa de Cypress Cultura
www.cypress.com.es

Thema: QDHH Filosofía humanista
BIC: HPC Historia de la filosofía occidental

© José Luis Trullo
© Cypress Cultura

ISBN: 978-84-129035-6-0
Depósito legal: SE 2079-2024

IMPRESO EN LA UNIÓN EUROPEA

ÍNDICE

NECESIDAD DEL HUMANISMO EN EL SIGLO XXI

Hay quien piensa que la cultura occidental ha decidido darse por terminada y "cancelar" todos aquellos conceptos que han constituido sus cimientos durante más de dos milenios y medio. Uno de ellos es el de humanismo, entendido como una tradición intelectual formada por la confluencia del legado judeocristiano con el grecolatino, en virtud de la cual pueden congeniar, en una dialéctica fecunda, Platón y San Agustín, Aristóteles y Santo Tomás, Cicerón y San Jerónimo u Horacio y Fray Luis de León. Y es que, por mucho que pueda sorprender a algunos, ni griegos ni romanos eran unos paganos carentes de cualquier sentido de la trascendencia, ni los pensadores cristianos se mostraron insensibles a la potencia reflexiva del pensamiento heleno ni a la donosura estilística de los oradores latinos; de hecho, los frutos más granados de la cultura occidental resultan inconcebibles sin dicha síntesis.

Según esta perspectiva (que no es la única, desde luego, pero que es la que yo defiendo), el humanismo sería, ante todo, un marco intelectual de referencias, un mapa común de autores y categorías que abordan, analizan y tratan de resolver problemas durables que atañen a la esencia misma de "lo humano", más allá de sus obvias variaciones epocales: temas como la naturaleza del hombre, sus límites y potencialidades, las condiciones del conocimiento, los términos en que se desarrolla la convivencia en sociedad, el sentido de la vida –y su consumación: la felicidad– y la pregunta acerca de la trascendencia, tanto aquí en la tierra como, en su caso, más allá de la muerte, recorren de cabo a rabo la historia intelectual y espiritual de Occidente, si bien el énfasis en unos u otros varía en función de los tiempos y los temperamentos personales de quienes reflexionaron sobre ellos.

Esta concepción del humanismo como una vasta malla de alusiones que desbordan los espacios y los tiempos, y en virtud de la cual los vivos atienden y acogen a los muertos, los creyentes a los gentiles y los habitantes del norte a los del sur (y viceversa), aparte de establecer un territorio compartido de diálogo y tolerancia mutua –dos de los valores humanistas por antonomasia–, plantea una primera exigencia: la de esforzarse en superar la tentación de atenerse a lo que hay, aquí y ahora, para salir al encuentro de lo que hubo antes y en otros lugares. ¿Y cuál es la herramienta que nos permite acceder a ello? Sólo hay una: el saber.

Entiendo el saber, no sólo como un patrimonio de conocimientos fehacientes reunidos en un corpus más o menos estable, sino en cuanto aventura existencial: un compromiso activo, decidido e irrenunciable por salir en busca de la verdad, allá donde more (y suele complacerse en escabullirse cuando uno cree haberla atrapado), y convertir dicha búsqueda en una forma de vida. Este saber no se conforma con lo consabido, ni se echa a dormir tras constatar una certeza; asume que todas las conclusiones son provisionales, si bien es cierto que unas apuntan a lo esencial más que otras, hechizadas por lo accesorio; es un saber peregrino, trashumante como la vida misma (de *homo viator* ha calificado al hombre la tradición humanista), ambicioso en sus metas pero humilde en la conciencia de sus limitaciones congénitas; y, sobre todo, es un saber que no se contenta con pervivir encerrado en las bibliotecas, los museos y las universidades, sino que penetra todo el ser del hombre y sale al ágora a azuzar (*tábano*, llamaban a Sócrates sus compatriotas) a quienes tal vez preferirían seguir ahormados a los estrechos márgenes de su *hic et nunc*.

El saber humanista es un desafío que nos conmina, por un lado (el más evidente), a ensanchar nuestro horizonte intelectual, a dotarlo de herramientas analíticas en aras de un conocimiento fidedigno de la realidad –presente, aunque también pretérita–, pero por el otro (quizás el más importante) a renunciar a cualquier clase de estasis existencial. Un humanista es un hombre siempre en construcción, atento a los hallazgos que le salen al paso durante sus pesquisas constantes, casi un detective del ser: del suyo propio, en última instancia. *Saber es saberse*: queremos conocer para averiguar qué es lo que somos, cuál es el espacio en el que nos podemos desenvolver sin incurrir en delirios ni mixtificaciones. La verdad nos hace libres porque nos vuelve (más) conscientes, y en esa lucidez obtenemos, sí, cierto consuelo para nuestras angustias cotidianas, pero también esperanzas de poder sofocarlas alcanzando un grado de comprensión superior que reduzca su capacidad nociva y paralizante.

El humanismo, en su transversalidad temporal y geográfica, descubre y consolida una visión del saber para la vida que, en pleno siglo XXI, resulta insoslayable. Ya no se trata de defender una tradición porque es la nuestra (eso lo hacen todas las civilizaciones), sino porque es la que mejor servicio rinde a la verdad del hombre. Ahora que se pone en la picota incluso su propia dignidad, al equipararlo al resto de seres vivos en cuanto meros "sintientes" y abjurando de la razón y del espíritu como instancias eminentes de la especie, el humanismo sigue clamando –quién sabe si pronto en el desierto– que, como advertía nuestro Gracián, "no se vive si no se sabe", y que sin atender a esa dimensión existencial el conocimiento no es más que un arsenal de datos estériles e irrelevantes.

Sevilla, verano de 2024

I

LOS SUEÑOS DE UNA SOMBRA

La moderna invención de Grecia

La identidad de una sociedad, sabido es, se constituye en diálogo con el pasado: con el propio y, a menudo (aunque esto se enfatiza menos), con el ajeno. Esto es así especialmente desde que se instituyó el progreso y la Modernidad como paradigmas culturales: en una sociedad tradicional, el pasada está siempre presente, no es preciso convocarlo para interactuar con él. Cuando, con la Ilustración, el culto a la novedad sustituyó al de la tradición y se abrió una brecha de incalculables dimensiones que aún no se ha suturado del todo, la continuidad entre generaciones que se daba por supuesta hizo aguas, y se hizo problemático algo tan elemental como la transmisión de la propia identidad cultural.

Sin embargo, lejos del espíritu progresivo –nombre que asigno al que, allá por el siglo XVIII, instituyó el cambio como paradigma social fundamental, en el bien entendido de que cualquier innovación es, por principio, sospechosa de bondad– la tentación de darle la espalda al pasado en cuanto tal. ¡Todo lo contrario! Se diría que existe en la progresividad una suerte de mala conciencia que le lleva a entablar con las épocas pretéritas una extraña, e incluso patológica relación de amor-odio: así, mientras que por un lado la rapidez de las modas condena al ostracismo a toda nueva costumbre en menos que canta un gallo, por el otro las recupera cíclicamente a modo de *revival*. Es un caso, claro está, de frivolidad supina, pero también algo más: es un síntoma.

Viene todo esto a cuento de la sorprendente vigencia de un mito rigurosamente moderno, cual es el de la Grecia antigua. No en vano Paul Valéry ya nos advirtió de que "la antigua Grecia es la invención más hermosa de los tiempos modernos". En cierta Grecia –y, en menor medida, en la Roma antigua– han querido ver los europeos, al menos desde el siglo XV, una especie de Arcadia original, un modelo de virtudes en las cuales inspirarnos para recobrar la buena senda. Hurgando un poco más, pero sólo un poco, enseguida descubrimos que las maravillas de la Hélade se ciñen, ante todo, a la Atenas de Pericles (por supuesto, no en Esparta, sin ir más lejos), en la cual el ciudadano occidental cree ver reflejada la mejor imagen de sí mismo: democrática, racional, política, moderada, deportiva, dialogante... De poco sirve aducir que de las ventajas de ser ciudadano ateniense estaban excluidas las mujeres, así como los esclavos y los extranjeros. ¡Cosas de la época!, aducirá el cínico enamorado, encogiéndose de hombros.

Más preocupante si cabe se me antoja la distorsión sistemática que se le inflige al espíritu griego esencial, por parte de sus supuestos adalides. Así, se nos quiere transmitir la imagen de una Grecia racionalista hasta la extenuación, por no decir atea, en la cual el papel de los dioses sería el equivalente al que en nuestra época asumen los superhéroes de Marvel: un panteón de personajes ficticios cuya incidencia en la vida real de las personas es poco menos que imaginaria. Desde luego, eso es totalmente falso, y delata las auténticas pretensiones del filohelenismo moderno: utilizar un pasado ficticio para revestir de dignidad histórica lo que carece de ella, por el mero hecho de haberlo aniquilado por su vocación parricida.[1]

No cabe duda de que debemos a los antiguos griegos un sinfín de tesoros de toda índole: filosóficos, artísticos, literarios. Sin embargo, ello no nos da derecho a vaciar de sentido toda una

---

[1] Vid. mi "La cultura del parricidio. La Modernidad contra la tradición", en *Los saberes de la tradición. El humanismo ante el siglo XXI*. Sevilla, Cypress Cultura, 2023, pp. 91-110.

cultura tan rica y densa en matices. Menos aún, si se pone en entredicho la realidad histórica de lo que fue la Grecia antigua. Y, si algo fue, fue una cultura abierta a la trascendencia, y no en poca medida. De hecho, en los textos que conservamos de la época no nos resultará difícil reconocernos, sí, pero como copartícipes de una visión en absoluto atea del mundo y de la existencia humana. Todo lo contrario. Subsiste en los griegos antiguos la convicción de que estamos en manos de los dioses, de que no somos en absoluto dueños de nuestro destino.

Pero vamos a los textos (ya que, de lo contrario, nos mantenemos en el lábil ámbito de las opiniones y los juicios genéricos). Para documentar mi hipótesis, no voy a manejar una extensa bibliografía, ni echar mano de estudios eruditos, sino que me limitaré a las fuentes mismas. Es más, he de ceñirme a uno de los ámbitos en los cuales los griegos se jugaban su propia identidad cultural: en la poesía. Sí, la poesía. Como indica Carlos García Gual en su nota preliminar a la *Antología de la poesía lírica griega* (s. VII-IV a.C.), publicada por Círculo de Lectores en 1995, "los griegos consideraban la poesía como algo muy importante para la comprensión del mundo y de la vida. Se tomaban muy en serio a sus poetas. Ellos eran los primeros educadores del pueblo, en una sociedad sin dogmas ni sacerdotes con libros sagrados ni tradiciones rígidas" (pág. 52). De este modo, "la poesía servía de cauce para expresar doctrinas e ideas nuevas, y para conservar los mitos y criticarlos", hasta el punto de que "los primeros filósofos fueron también poetas" (recordemos que Parménides eligió la forma del poema para exponer sus densas propuestas filosóficas).

Advertimos aquí una seria discrepancia entre la modernidad, para la cual la poesía en el mejor de los casos es una expresión literaria de una individualidad, de su mundo interior y de sus conceptos privados (incluso en el caso en el que, como Victor Hugo, Leopardi o Goethe, alcancen el rango de poetas nacionales), y la lírica griega antigua, en la cual se dan la mano sin ambages conocimiento y expresión, intimidad personal y objetividad social. Esta sabia simbiosis, que Occidente sacrificó en el altar de la ciencia experimental, es la que nos permite traer a colación los textos poéticos griegos como testimonios fiables de toda una cultura, en aras a constatar nuestra tesis de que la Grecia antigua no fue, como se cree, una cultura atea, y por eso poco tiene que ver con la que admitimos calificar como nuestra.

Bien, a los textos. Para los griegos antiguos, si aceptamos que los poetas son sus educadores, hay que vivir "confiándonos a los eternos dioses" (Tirteo de Esparta, 1), pues de Zeus es "el poder en los cielos, / y tú observas los hechos de los hombres, / criminales o justos, y a ti incluso te atañe / la desmesura y la justicia de las fieras" (Arquíloco de Paros, 37). Este concepto de una divinidad omnisciente y plenipotenciaria, tan cara a la tradición judeocristiana, desde luego nada tiene que ver con la visión moderna de la existencia humana, ni mucho menos de la naturaleza en su conjunto.

El padre de los dioses "es adivino que nunca miente, ya que él mismo determina el final" (46), continúa Arquíloco. Y añade:

A los dioses atribúyelo todo. Muchas veces levantan
de las desdichas a los hombres echados sobre el oscuro suelo;
y muchas veces derriban y tumban panza arriba
a quienes caminan erguidos. (16)

Para un cristiano no resulta chocante pensar en una divinidad que dispone a su albur de la vida humana (ya sabemos que los caminos del Señor son inescrutables), aunque aquí incluso la defensa católica del libre albedrío resultaría incomparablemente más "moderna" que la absoluta sumisión personal al destino que aqueja al griego antiguo.

Frente a lo imprevisible de los designios divinos, el poeta aconseja "la firme resignación" (7). La mesura, la contención, subsumidos en el concepto griego de σωφροσύνη (*Sōphrosynē*), impiden que la persona se entregue a la desesperación o la queja, la cual no dejaría de ser una rebeldía frente a los dioses, un pecado de ὕβρις (*Hýbris*). Mucho antes que los estoicos romanos, los griegos antiguos ya disuadían a sus conciudadanos de, en caso de entregarse a la tristeza, lo hicieran "sin excesos" (15).

Lejos de constituir una declaración aislada, la noción de una divinidad que trasciende al hombre y que decide cuál va a ser su suerte se halla presente en la lírica griega antigua de manera recurrente. Por ejemplo, en estos versos de Semónides de Amorgos:

Hijo mío, el retumbante Zeus domina el fin
de todo lo que es y lo dispone como quiere.
Los hombres carecen de entendimiento. Pues al día
vivimos como bestias, del todo ignorantes
de cómo la divinidad hará concluir cualquier asunto. (2)

Incluso personajes renombrados, como Solón de Atenas, célebre por su labor política como legislador y uno de los siete sabios de Grecia, según la tradición, incide en esta visión: "Zeus vigila el fin de todas las cosas" (*A las musas*). Eso sí, no se conforman los dioses con retribuir a los hombres de manera ajustada a sus méritos personales, lo cual los reduciría al mero papel de funcionarios de justicia, sino que deparan favores y perjuicios según una pauta que sólo ellos conocen:

Las ganancias, de cierto, las dan a los hombres los dioses,
y de ellas procede el desastre, que Zeus de cuando en cuando
envía como castigo,
y ya uno, ya otro, lo recibe.

Percibimos aquí elementos novedosos, como la idea de que todo favor que recibe el hombre de los dioses conlleva, casi como compensación, algún tipo de desgracia. Ahora bien, como buen legislador que es, Solón se cuida muy mucho de advertir que los perjuicios se los granjea el hombre por sí mismo, de modo que empieza a atisbarse ya cierta noción de responsabilidad personal, al menos en lo que atañe a las desgracias (los favores seguirían siendo potestad libérrima de Zeus... una idea que, por cierto, agradaría a San Agustín).

> La abundancia que ofrecen los dioses le resulta al hombre
> segura desde el último fondo hasta la cima.
> Mas la que los hombres persiguen con vicio, no les llega
> por orden natural, sino atraída por injustos manejos,
> les viene forzada y pronto la enturbia el Desastre.

Solón llega aún más lejos al descargar a los dioses de cualquier responsabilidad por las consecuencias negativas de nuestros propios errores:

> Y si habéis sufrido desastres por vuestra ruindad,
> no achaquéis a los dioses la culpa de éstos. (6)

Persiste, con todo, la prevalencia divina sobre el destino humano: "Del todo invisible a los humanos es el designio de los dioses" (13). Incluso siendo un político poderoso, Solón no olvidó que su poder sería nulo sin la anuencia, cuanto menos, de los inmortales: "lo que dije cumplí con ayuda de los dioses" (17).

Jenófanes de Colofón, cuya aportación a la religión griega resulta fundamental (por cuanto postuló que la divinidad carecía de atributos antropomorfos y que, lejos de las iniquidades que les atribuían Homero y Hesíodo, se abstenían de perpetrar actos inde-

16

corosos), no dejó pasar la ocasión de recordar a los griegos su deberes hacia los dioses:

Deben primero los hombres sensatos a Dios
celebrar con relatos piadosos y puras palabras. (1)

Empédocles de Agrigento, filósofo y taumaturgo, lo tenía bastante claro: "Desdichado quien tiene una oscura opinión de los dioses" (4). Teognis de Megara, por su parte, insiste en la trascendencia del designio divino respecto a los humanos, retomando la idea de una dependencia absoluta respecto a los olímpicos:

Nadie, oh Cirno, es culpable de su ruina o provecho,
sino los dioses que otorgan lo uno o lo otro. (133-134)

Constatamos que, lejos de profundizar en la vía insinuada por Solón (la de que los humanos somos los únicos responsables de las desgracias que nos acaecen), perseveran los poetas en el concepto clásico de que nada de ello en verdad está en nuestras manos, sino que vivimos expuestos al albur de los dioses.

Los hombres en vano planeamos, pues nada sabemos.
Los dioses lo cumplen todo a su antojo. (141-142)

No contento con recibir y transmitir esta idea convertida ya en tópica, Teognis la enriquece con versos (373-376) dirigidos al padre de los dioses, emulando el tono de los *Himnos homéricos*:

Querido Zeus, asombrado me tienes. Pues tú a todos
gobiernas con gloria y enorme poder personal.
Bien conoces la mente y el ánimo de uno y otro hombre,
tuyo es el dominio supremo de todas las cosas, oh rey.

17

La desconfianza de Teognis respecto a la mera posibilidad de lograr mejorar la conducta personal mediante la educación (uno de los postulados básicos de la Modernidad, por cierto),

> Si la inteligencia de un hombre forjarse e implantarse
> pudiera, jamás de un buen padre un mal hijo saldría,
> al atender a razones virtuosas. Mas por aprendizaje
> nunca harás de un villano un hombre de bien. (435-438)

De todos modos, en Teognis se detecta ya un tono de escepticismo creciente entre los griegos de su época:

> Se fue la Confianza, gran diosa, se fue de los hombres
> la Cordura, y las Gracias, amigo, dejaron la Tierra.
> Ya no hay juramentos de fiar entre humanos ni justos,
> ni nadie demuestra respeto a los dioses eternos;
> se ha extinguido el linaje de hombres piadosos; ahora
> ni normas legales conocen ni aun la Piedad.

Se diría que una y otra lacra (la pérdida de la fiabilidad entre los humanos y la del respeto a los inmortales) fueran de la mano; como si, al quebrarse la certeza en una instancia trascendente, los individuos se sintieran liberados para entregarse a sus peores instintos... confirmando el célebre adagio de que, si Dios ha muerto, ya todo nos está permitido: sobre todo, lo peor.

Aun con todo, Teognis hace de tripas corazón, y deposita en la Esperanza una única reserva de confianza, quizás desesperada:

> Mas en tanto uno vive y ve el brillo del sol,
> conserve piadoso su fe en la divina Esperanza,
> rece a los dioses y, al ofrendarles los grasientos muslos,
> en sus sacrificios invoque, al comienzo y al fin, la Esperanza.

Alceo de Mitelene, por su parte, no duda que los avatares de su existencia no están en sus manos: "Cuándo de mis muchos pesares / me van a liberar los Olímpicos?" (9, 130). Íbico de Regio habla de "los designios del gran Zeus" al iniciar su crónica poética (1), y en un acceso de vacilación ética, reconoce: "Tengo miedo de conseguir honor entre los hombres / cometiendo alguna falta ante los dioses" (7, 22D), con lo cual admite que sí existe un margen para la libertad personal, y por ende, del error.

Simónides de Ceos enuncia, en línea con lo ya expuesto: "Todo está, en verdad, sometido a los dioses" (1, 48D), con lo cual "de los humanos pequeño es el poder" (2, 9D). Nuestro afán debe centrarse en agradar a los Olímpicos, pues sin su simpatía no es posible prosperar: "Son los mejores aquellos / a los que los dioses tratan con cariño" (9, 4D).

Píndaro de Tebas, quizás el más reputado de los líricos griegos, nos advierte desde el principio: "Le es conveniente a un hombre hablar / bien de los dioses" (Olímpica, 1), ya que "los blasfemos no tardan en recibir sus penas". Los inmortales son omniscientes: "Si alguien confía en pasar inadvertido de los dioses / al hacer algo, se equivoca", es más: "la divinidad permanece velando por tus afanes". El hombre no está solo, cara a cara con su libertad: siempre ha de contar con esa otra mirada, esa asistencia sin el concurso de la cual la vida no es siquiera concebible. ¿Hay algo más alejado del concepto moderno de la libertad? Prosigue el poeta:

De los dioses proceden todos los medios
de excelencia humana; por ellos los hombres
son sabios y de brazos vigorosos y hábiles de lengua.

Con frecuencia habla Píndaro del "designio de los dioses" (Pítica, VIII) o de "los beneplácitos de los dioses" (Pítica, IV) para conseguir lo que uno se propone. Y es que "los éxitos no dependen de los hombres; la divinidad los da". La jerarquía divina es de tal envergadura, que sin ella el ser humano carece de enjundia propia.

¡Seres de un día! ¿Qué es uno? ¿Qué no es?
El hombre es el sueño de una sombra. Mas cuando le llega
un rayo de luz enviado por Zeus, un resplandor brillante
le distingue y su existencia es gozosa.

Filemón, pensador del s. IV, compuso incluso un poema en el cual admite que el mayor de los mortales no es más que un criado de los olímpicos : "Unos son esclavos de los reyes; el rey, de los dioses". Con ello, admite que la humanidad, contra lo que la modernidad postula, posee un techo, un límite que no le es dado superar (ello supondría un pecado de *hybris* y sería castigado). Nada que ver con la convicción contemporánea de que no existe tal límite, o que el límite del ser humano se lo pone él mismo.

Para el griego, la sabiduría consiste en mantenerse dentro de los cauces que nos han sido impuestos (por los dioses, por la naturaleza, por el destino: los conceptos son importantes, aunque no lo esencial); para el moderno, en desbordarlos, incluso de manera sistemática. ¿Existe algo más opuesto al modelo griego del mundo que el de la Modernidad? Lo dudo mucho. Prometeo, tan querido por los románticos (y, a su modo, también por los griegos antiguos, pero no por las mismas razones), es el epítome de la desmesura, de la rebeldía, de la falta de obediencia: por eso recibe en la mitología griega justo y eterno castigo.

El hecho de que la Modernidad haya querido "inventarse" una Grecia a su medida, obviando la esencia de una cultura que casi nada tiene que ver con ella, se explica por lo que apuntábamos al principio: por la búsqueda de un referente remoto, e idealizado, que compense el vacío de fundamento subsiguiente a la demolición, por parte de la Modernidad, de sus antecedentes inmediatos. Convendría poner las cosas en su sitio y desenmascarar las falsificaciones en las que se basa esa gran abanderada de la Luz, de la Verdad y de la Ciencia que es la era moderna. Difícilmente conocerá su auténtico rostro quien se empeña en elegir un espejo equivocado.

II

CICERÓN Y EL VALOR DEL AUTOCONOCIMIENTO PARA LA SABIDURÍA

Cicerón, en cuanto concienzudo sistematizador de las grandes doctrinas filosóficas de su época (heredadas todas ellas de Grecia, aunque adaptadas, incluso terminológicamente, por el genio romano), constituye un eslabón fundamental en el periplo del precepto délfico del "Conócete a ti mismo". De un modo u otro, y en cuanto heredero voluntario y amoroso del legado socrático-platónico, el autor de las *Filípicas* se erige en un paladín de la gran tradición humanista, a la que brinda pautas que le permiten consolidar sus bases y encarar la gran síntesis con el cristianismo de manera solvente y madura.[1]

En sus *Discursos*, Cicerón hace alusión al menos dos veces al "Conócete a ti mismo" para asegurar que sus adversarios Verres y Antonio son conscientes de su mala conducta.[2] En una carta a su hermano Quinto, insiste en que el lema no sólo tiene por cometido el rebajar nuestro orgullo, sino que pone en valor nuestras cualidades y nos incita a persistir en el trabajo literario. En *Sobre el orador*, se lamenta de la dificultad de conocer el valor del propio talento, si bien puede tratarse de un recurso de falsa modestia:

Yo, en cambio, sea cual sea mi lugar en la oratoria –y ya que a vosotros os parece que ocupo alguno–, lo cierto es que, con todo, estoy muy lejos del estilo de Antonio; en qué consiste esto, no me corresponde a mí decirlo, ya que nos conocemos muy

---

[1] Vid. mi "Cicerón: de la *humanitas* a la *dignitas*", en *Dignitas. Una apología del humanismo clásico*. Sevilla, Thémata, 2024, pp. 85-92.
[2] *Verrinas*, II, 3, 68. *Filípicas*, II, 28, 68.

mal a nosotros mismos y muy difícilmente podemos opinar sobre nosotros.[1]

Es sobre todo en los tratados filosóficos donde podemos conocer el pensamiento de Cicerón sobre el precepto délfico. En *Sobre el supremo bien y el supremo mal* escribe:

> Hay que penetrar, pues, en el conocimiento de la naturaleza y escudriñar a fondo lo que ella reclama; de otra manera, no podemos conocernos a nosotros mismos. Máxima ésta que, por ser demasiado elevada para que pareciese provenir de un hombre, se atribuyó a un dios. Y así es Apolo Pitio quien nos ordena conocernos a nosotros mismos.[2]

En las *Disputaciones tusculanas*, desarrolla esta idea penetrando de lleno en el ámbito filosófico, pues retoma la perspectiva socrática-platónica de que el autoconocimiento que se le exige al hombre es el de su propia alma, y así se revela su dimensión divina:

> Es evidente que lo más grande es poder ver el alma con el alma misma y con toda seguridad este es el sentido profundo del precepto de Apolo, con el que invita a que cada uno se conozca a sí mismo. Indudablemente, no creo que prescriba que nosotros conozcamos nuestros miembros, o nuestra estatura, o nuestra figura; nosotros no sólo somos cuerpo, ni, cuando yo te estoy diciendo a ti estas cosas, se las estoy diciendo a tu cuerpo. Cuando Apolo dice, por lo tanto, «conócete a ti mismo», quiere decir «conoce tu alma», porque el cuerpo es una

---

[1] Cicerón, *Sobre el orador*, libro III, 9, 33. Introducción, traducción y notas de José Javier Iso. Madrid, Gredos, 2002, pág. 387.
[2] Cicerón, *Del supremo bien y del supremo mal*, libro V, 16, 44. Traducción de Víctor Herrero Llorente. Madrid, Gredos, 1987, pág. 301.

especie de vasija o de receptáculo del alma; cualquier actividad que realiza tu alma es una actividad tuya. Si conocer el alma no hubiera sido algo divino, no se habría atribuido a una divinidad este precepto propio de un espíritu más agudo.[1]

En *Las leyes*, al abordar el tema Cicerón entona un panegírico encendido (muy característico en él) acerca del valor de la sabiduría y la importancia que tiene el autoconocimiento para alcanzarla:

La madre de todas las cosas buenas es la sabiduría, del amor a la cual tomó nombre en griego la filosofía, que es lo más rico, lo más brillante, lo más excelso que los dioses inmortales han concedido a la vida del hombre. En efecto, ella nos ha enseñado además de todas las otras cosas, lo que es más difícil de todo, que nos conozcamos a nosotros mismos; precepto este de tan gran alcance y tan profundo significado que no se le atribuye a un hombre cualquiera, sino al dios de Delfos.

Efectivamente, quien se conozca a sí mismo notará ante todo que posee algo de divino y considerará su mente como una imagen consagrada y siempre hará y sentirá algo digno de tan gran don de los dioses, y cuando se contemple a sí mismo a fondo y se ponga a prueba por entero, comprenderá en qué medida ha venido a la vida enriquecido por la naturaleza y cuántos recursos tiene para obtener y alcanzar la sabiduría, ya que desde el principio ha captado en su espíritu y en su mente lo que podríamos llamar un conocimiento difuminado de todas las cosas, y una vez iluminado éste, puede comprender que

---

[1] Cicerón, *Disputaciones tusculanas*, libro I, 24, 52. Introducción, traducción y notas de Alberto Medina González. Madrid, Gredos, 2005, pág. 148.

con la guía de la sabiduría será hombre bueno y por eso mismo feliz.[1]

A pesar de la diversidad de contextos en que aparece aludido, de uno u otro modo, el precepto délfico, se pueden rastrear las fuentes comunes de las que bebe el autor. Por ejemplo, en *Las leyes* y en las *Tusculanas*, comparece un pensamiento de Platón que Cicerón emplea en su obra hasta siete veces: el de que la filosofía ha sido un regalo que los dioses le han hecho al hombre. Así:

> En cuanto a la filosofía, madre de todas las artes, ¿qué otra cosa es sino, como dice Platón, un regalo, o como sostengo yo, un hallazgo de los dioses? Ella es la que nos ha instruido, en primer lugar, en el culto de los dioses, luego, en el derecho humano, que se fundamenta en la convivencia del género humano y, por último, en la moderación y la grandeza de ánimo, y ha sido ella la que ha dispersado la niebla del alma, como si la arrebatara de nuestros ojos, para que podamos ver todas las cosas: las de arriba, las de abajo, las primeras, las últimas y las intermedias. Esta fuerza que produce tantos y tan importantes efectos me parece en verdad divina.[2]

Platón había planteado la misma vinculación entre el privilegio con el que cuenta el hombre, el de filosofar, y la donación de los dioses, si bien en este caso el tema aparece a raíz de la reflexión sobre la importancia de la vista para el conocimiento:

---

[1] Cicerón, *Las leyes*, libro I, 22, 58-59. Traducción, introducción y notas de Carmen Teresa Pabón de Acuña. Madrid, Gredos, 2009, pp. 65-66.
[2] *Op. cit.*, I, 26, 65, pág. 158.

Ciertamente, la vista, según mi entender, es causa de nuestro provecho más importante, porque ninguno de los discursos actuales acerca del universo hubiera sido hecho nunca si no viéramos los cuerpos celestes ni el sol ni el cielo. En realidad, la visión del día, la noche, los meses, los periodos anuales, los equinoccios y los giros astrales no sólo dan lugar al número, sino que éstos nos dieron también la noción de tiempo y la investigación de la naturaleza del universo, de lo que nos procuramos la filosofía. Al género humano nunca llegó ni llegará un don divino mejor que éste.[1]

Insiste Cicerón en este punto en las *Cuestiones académicas*:

Así pues, me reservo para mí mismo todo aquel estudio de la filosofía con miras, en cuanto puedo, tanto a la entereza de mi vida como a la delectación de mi alma, y juzgo, como está escrito en Platón, que ningún regalo mayor o mejor ha sido dado al hombre por los dioses.[2]

En las *Paradojas de los estoicos* vuelve a ello, introduciendo una equivalencia que resulta característica del autor: la identificación entre lo que nos otorgan la divinidad y la naturaleza.

Tú, habiéndote dado o Dios o la naturaleza, madre, por decirlo así, de todas las cosas, un ánimo que es el don más excelente y

---

[1] Platón, *Diálogos*, vol. VI: "Timeo", 47b. Traducción, introducción y notas de Francisco Lis. Madrid, Gredos, 1992, pág. 196.
[2] Cicerón, *Cuestiones académicas*, I, 7, 20, 21. Introducción, traducción y notas de Julio Pimentel Álvarez. México D.F., UNAM, 1990, pág. 89.

divino, ¿te has de bajar y abatir tanto, que no creas haber diferencia entre ti y una bestia?[1]

La identidad entre lo divino, lo natural y lo humano, en lo que concierne al conocimiento, se pone de nuevo de manifiesto en *Sobre los deberes*, en un panegírico de la dedicación a la sabiduría como la más alta a la que se puede aspirar:

Pues, por los dioses, ¿qué es más deseable que la sapiencia? ¿Qué, más prestante; qué, mejor para el hombre? ¿Qué, más digno del hombre? Quienes, pues, investigan esto, son nombrados filósofos, y ninguna otra cosa es la filosofía, si quisieras interpretar, que el amor de la sapiencia. Ahora bien: sapiencia es como por los viejos filósofos se define la ciencia de las cosas divinas y humanas, y de las causas por las cuales estas cosas son contenidas; quien vitupera su estudio, no entiendo, en verdad, qué sea lo que juzgue laudable.[2]

En *Sobre la amistad* insiste sobre el origen divino de la sabiduría:

¡Oh preclara sabiduría! Pues parecen quitar el sol del mundo quienes quitan la amistad de la vida, nada mejor que la cual tenemos de los dioses inmortales, nada más agradable.[3]

---

[1] Cicerón, *Paradojas de los estoicos*, I, 14. Obras completas, tomo IV. Traducción de Manuel Valbuena. Edición en línea: https://bit.ly/2UPBmm2
[2] Cicerón, *Acerca de los deberes*, II, 2, 4. Introducción, versión y notas de Rubén Bonifaz Nuño. México D.F., UNAM, 2009, pág. 73.
[3] Cicerón, *Lelio o de la amistad*, XIII, 47. Traducción de Manuel Valbuena. Edición en línea: https://archive.org/details/ciceron-marco-tulio-lelio-o-de-la-amistad-bilingue/page/17/mode/2up

Una afirmación análoga se encuentra en una carta a Catón (*Fam.*, XV, 4, 16), como si el autor tuviese dicha idea como una divisa intelectual que despachaba a la menor ocasión, si bien siempre resultaba pertinente con el tema de que se tratase.

Que el conocimiento de uno mismo constituye la base de la filosofía se pone de manifiesto en la siguiente frase de *Las leyes*:

> De tantos y tan importantes bienes que observan en el hombre los que quieren conocerse a sí mismos, es madre y nodriza la sabiduría.[1]

Sin embargo, para Cicerón el conocimiento de la naturaleza es el viaje necesario para desembocar en el autoconocimiento: de este modo, la limitación que le imponía Sócrates al sabio, exigiéndole despreocuparse de las materias cosmológicas para centrarse en los asuntos estrictamente humanos (*Fedro* 229e), se transforma en el arpinate en un proceso dual, gracias al cual el hombre se reconoce como parte de un todo que ha inspeccionado concienzudamente:

> Y de la misma manera, cuando haya contemplado el cielo, las tierras, los mares y toda la naturaleza y haya visto de dónde proceden, a dónde han de ir a parar, cuándo y cómo han de perecer, qué hay en ellas de mortal y perecedero, qué de divino y eterno, cuando casi haya alcanzado al propio dios que modera y rige esas cosas y se haya reconocido a sí mismo no como un habitante de un lugar determinado, rodeado de las murallas de una ciudad, sino como un ciudadano del mundo entero, mirado como una sola ciudad, en medio de tal grandeza del universo y

---

[1] *Op. cit.*, I, 24, 62, pág. 67.

en esta contemplación y conocimiento de la naturaleza, oh dioses inmortales, ¡cómo se conocerá a sí mismo![1]

De todos modos, el origen socrático-platónico de la reflexión ciceroniana acerca de la sabiduría permanece fuera de toda duda, desde el momento en que, en la misma obra, se hace eco más o menos explícito (a modo prácticamente de paráfrasis) de los conceptos ya planteados en el *Primer Alcibíades* acerca de que la introspección le revela al hombre su parentesco con los dioses, basado en el origen mismo del alma. Es decir, es gracias al conocimiento de uno mismo que se alcanza la sabiduría, la cual consiste en la iluminación del entendimiento gracias a la aprehensión del carácter divino del alma; el conocimiento de la naturaleza posee aquí un carácter complementario, puesto que contextualiza el modo en que el hombre debe comportarse, sin endiosarse ni tenerse por lo que no es: resuenan en ello los ecos de la dicotomía griega ὕβρις / σωφροσύνη.

En el *Primer Alcibíades*, Sócrates ya había advertido, apelando al precepto délfico, acerca de la imperiosa necesidad de conocerse a uno mismo antes de ocuparse de cualquier otra materia concreta: "¿Podríamos conocer qué arte nos hace mejores, desconociendo en realidad lo que nosotros mismos somos" (130a).[2] Más aún: "Al prescribirse el conocimiento de sí mismo, lo que se nos ordena es el conocimiento de nuestra alma" (131d),[3] de modo que "quien la mira y descubre en ella todo ese carácter sobrehumano, un dios y una inteligencia, bien puede decirse que tanto

---

[1] *Ibíd.*, I, 23, 61, pág. 66.
[2] "Primer Alcibíades", en Platón, *Obras completas*. Preámbulo, traducción y notas de José Antonio Míguez. Madrid, Aguilar, 1979, pág. 256.
[3] *Ibíd.*, pág. 258.

mejor se conoce a sí mismo" (134b).[1] Se trata, pues, de un mismo itinerario introspectivo que alcanza las mismas conclusiones. Al igual que Platón en el *Primer Alcibíades*, Cicerón asegura en *Las leyes* (129a) que conocerse es algo muy difícil, y que el autor de este precepto no es un hombre cualquiera, sino el dios de Delfos, idea que repite en las *Tusculanas* (I, 22, 52). Es en esta segunda obra, así como en el *Sueño de Escipión*, donde retoma la imagen socrática de que el autoconocimiento consiste en que el alma se vea a sí misma (133b), pues no se trata de hacerse cargo de cómo es uno mismo en términos corporales (131a), sino de descubrir el carácter divino del alma, si bien en *Las leyes* utiliza el término "ingenium", seguramente como sinónimo de δαίμων. Una vez se accede al reconocimiento del origen trascendente del alma y de su parentesco con la divinidad, el hombre alcanza la plenitud en términos de εὐδαιμονία, pues ha cumplido la tarea para la que estaba destinado. De no haber emprendido el camino de la introspección, habría permanecido en una especie de limbo existencial, ignorante de la profundidad de su propio ser, ateniéndose meramente a lo material, sin mayor recorrido; pero el hombre no ha venido a la vida para emular a las bestias, que se limitan a nacer, crecer, reproducirse y morir, sino que está llamado a "cosas más altas". La estancia del hombre en la tierra, pues, debe estar consagrada a esa búsqueda, cuya meta es la sabiduría misma; y en este viaje ni debe ni puede esperar nada que le sea concedido graciosamente, sino que ha de obtenerlo por sus propios medios. Así, afirma el propio Cicerón en *Sobre la naturaleza de los dioses*:

> El dictamen propio de todos los mortales es éste: que la suerte ha de solicitarse de la divinidad, mientras que la sabiduría ha de obtenerse de uno mismo. Aunque sea lícito consagrar san-

---

[1] *Ibíd.*, pág. 260.

tuarios a Mente, a Valor y a Confianza, sin embargo, vemos que tales cosas están sitas en nosotros mismos; la concesión de esperanza, de salud, de socorro y de victoria se les ha de pedir a los dioses.[1]

Tal vez preferiríamos la expresión "por uno mismo", antes que "de uno mismo", pero en cualquier caso se trata de una tensión que se mantendrá, prácticamente intacta, a lo largo de la tradición occidental, entre quienes estiman que el hombre carece de recursos para llegar por sí mismo a tan altas cimas, y que debe implorar por recibirlas de Dios o de los dioses, y los que depositan en cada uno de nosotros la misión de, buceando en nuestra propia esencia, alcanzar la verdad que yace ínsita en nuestra alma. De no ser así, la existencia que nos espera no difiere sustancialmente de la de un pez globo, un helecho o una babosa. Y no es eso, lo que postula el humanismo occidental.

---

[1] Cicerón, *Sobre la naturaleza de los dioses*, III, 88, 36. Introducción, traducción y notas de Ángel Escobar. Madrid, Gredos, 199, pág. 356.

III

DE LA AUTONOMÍA A LA PROVIDENCIA

Nemesio de Emesa y la antropología patrística

La publicación de la primera traducción al español de *La naturaleza del hombre*, de Nemesio de Emesa,[1] es una noticia de primera magnitud, no sólo para los interesados en las peripecias históricas del humanismo occidental, sino para la cultura española en su conjunto, por cuanto se salda una deuda pendiente que, a estas alturas, resultaba ya escandalosa. Se trata de una obra clave para la comprensión de una tradición, la nuestra, que aúna de manera más o menos armónica (según las épocas y las latitudes) dos legados, el grecolatino y el judeocristiano, alumbrando una visión del hombre y su dignidad sin parangón. De hecho, es gracias a la savia que le infunde la patrística al tesoro de Grecia y Roma como éste alcanza su máxima elevación y profundidad, desde el momento en que los Padres se muestran capaces (de manera eminente, los latinos Agustín de Hipona y Jerónimo de Estridón, y los griegos Clemente de Alejandría, Gregorio de Nisa y Basilio el Grande, entre otros) de dialogar, aun con las lógicas reservas, con lo mejor y más granado de ambas culturas: así es como se salvaron para la posteridad los "paganos" Platón y Aristóteles, Cicerón y Séneca, Virgilio y Ovidio, en quienes los Padres no dejaron de ver a sus propios hermanos, quizás aún no iluminados por completo, pero sí deseosos de serlo de un modo u otro, como lo corrobora su búsqueda afanosa del sentido último de la existencia

---

[1] Nemesio de Emesa, *La naturaleza del hombre*. Introducción, traducción y notas de Leonel Miranda. Ciudad Nueva, Madrid, 2022. Biblioteca de Patrística, 122.

humana.[1] Este esfuerzo en el encuentro –que no hay que confundir con el sincretismo– lo retomarán con nuevos bríos los humanistas renacentistas, para los cuales resultaba inconcebible renunciar a aquellas obras que habían pergeñado los filósofos y los poetas de la Antigüedad, llegando hasta el extremo (en ciertos casos) de retorcer las genealogías históricas para acogerles en un abrazo universal: no otra cosa pretendían Marsilio Ficino, Giovanni Pico della Mirandola o Agostino Steuco cuando propusieron la existencia de una *Prisca theologia,* incluso de una *Philosophia perennis* donde los hombres de cualquier época podían reconocerse como miembros de una misma comunidad espiritual.

En este contexto, Nemesio de Emesa constituye uno de los pioneros en dicha tarea aunadora, pues plantea a finales del siglo IV un intento de síntesis fructífera entre los conceptos de la antrolopogía cristiana y aquellos que, en el ámbito de la metafísica, había planteado el Platón maduro, y en el de la psicología y la ética Aristóteles. De hecho, aunque con las inevitables incongruencias y algunas paradojas insalvables, el autor emplea con soltura y eficacia dichos conceptos, siempre con la vista puesta en demostrar, por la vía de los hechos, que el alma humana es única, y que su naturaleza no depende de factores exógenos y cambiantes, sino que posee una identidad inmutable, más allá de sus obvias variaciones superficiales. Esta convicción, que en pleno siglo XXI parece estar viéndose amenazada por el resurgimiento de toda suerte de particularismos (de género, de raza, de orientación sexual y un largo etcétera), así como por un relativismo atroz y mostrenco, constituye el cimiento sobre el que se levanta el humanismo occidental: dinamitarlo supone privarle de su propio fundamento, devolviendo a la especie a un estado anterior al que había alcanzado,

---

[1] Vid. infra, "Guiados por gracia celestial": el humanismo cristiano y el legado grecolatino", pp. 41-47.

justamente, merced al descubrimiento de dicha identidad. No es extraño que, amputada de la misma, la humanidad se perciba al mismo nivel que cualquier animal (ya no importa pensar sino sentir, y ahí todos los seres son... intercambiables: las personas y las cucarachas sufren por igual), incluso como un amenaza para la vida sobre la tierra. ¡Qué caída vertical! El hombre, creado a imagen y semejanza de Dios, "magnum miraculum", degradado al nivel de los insectos... ¡qué abominable abdicación! ¡Qué oprobio!

Por eso resulta tan salutífero y vivificador volver a las fuentes del humanismo, donde abrevar de nuevo el agua fresca de nuestra amenazada dignidad. Y *La naturaleza del hombre* es un magnífico capítulo en esta gloriosa historia de la humanidad en defensa de su excelencia. No en vano el libro incluye un conmovedor "encomio del hombre" (pp. 101-103) del cual vamos a reproducir un amplio pasaje, por cuanto, sin ser en absoluto original, sí recapitula y afianza los parámetros que van a manejarse a lo largo de la larga y fecunda tradición del humanismo occidental:

> ¿Quién podría maravillarse lo suficiente por la nobleza de este ser viviente, que une en sí lo inmortal con las realidades mortales y enlaza lo irracional con lo racional; que lleva en su propia naturaleza la imagen de la entera creación, por lo que es llamado, justamente, microcosmos; que ha sido juzgado digno de una especial providencia por parte de Dios; por quien existe todo lo que es, y todo lo que será; por quien Dios se ha hecho hombre; quien alcanza la incorruptibilidad, escapando de la condición mortal? Él reina sobre los cielos y, hecho a imagen y semejanza de Dios, vive con Cristo, es hijo de Dios y sobrepasa todo principado y potestad.
>
> ¿Quién podría enumerar los privilegios de tan singular creatura? Atraviesa los mares, penetra los cielos por medio de la contemplación, calcula con el pensamiento los movimien-

tos, las distancias y las medidas de los astros, se beneficia de la tierra y de la mar, desprecia el furor de las bestias salvajes y el poderío de los monstruos marinos, dispone todo conocimiento, arte y método; por medio de las letras, él conversa, a pesar de la distancia, sin que el cuerpo sea un impedimento, con los que él desea; profetiza el futuro, gobierna todo, domina todo, de todo se sirve, conversa con los ángeles y con Dios, da órdenes a la entera creación, da órdenes a los demonios, escruta la naturaleza de los seres, colabora con Dios y llega a ser casa y templo de Dios: todo esto es adquirido gracias a las virtudes y a la piedad.

Este sí que es un antropocentrismo digno de encomio, y no el ilustrado, que por mucho que se jacte de liberar al hombre de las "cadenas de la religión", en realidad le abajan al nivel de un ser más, desprovisto de alma, abocado a la mortalidad, irrelevante, intrascendente en suma. Y de aquello polvos modernos, estos lodos posmodernos del antiespecismo y el animalismo.

Pero no crea el lector asustadizo que *La naturaleza del hombre* es un texto estrictamente apologético; de hecho, su animosidad contra el epicureísmo, por ejemplo, no resulta más feroz que la que demostraron en su día los propios estoicos, y el libro además no se plantea como un arma de persuasión religiosa, sino como un auténtico tratado clásico, abarcador, descriptivo. De hecho, el propio Nemesio advierte que "este tratado no está dirigido sólo para estos [*i.e.*, los cristianos], sino para los Griegos" [sic]... Es en este bloque, que ocupa la parte central, donde hallaremos las categorías más amigables para con el corpus de la gentilidad: así, los capítulos 4 y 5 versan sobre "el cuerpo y los elementos" (acusando la influencia directa, como nos indica en la introducción Leonel Miranda, de Galeno), mientras que del 6 al 28 se ocupa de "las facultades físicas y corpóreas". Los "aspectos éticos" y el "comportamiento humano" se analizan en los capítulos 29 al 34, reflexionando con especial fruición acerca de los márgenes en los que se mueve la decisión personal, lindando por un lado con lo deliberado y por otro con lo voluntario (que no son, por mucho que nos pueda parecer, lo mismo).

El último tramo del libro me resulta especialmente atractivo, pues arremete contra toda forma de determinismo (tanto astral como metafísico) para defender de manera decidida la libertad del hombre en cuanto ser racional, pues "Dios, nuestro Creador, nos ha hecho autónomos" (pág. 264). "¿De qué le serviría [al hombre] deliberar, si no es señor de ninguna acción" (pág. 266). De hecho, "en todos los hombres es infuso el conocimiento de lo que depende de nosotros" (pág. 267). "El ser dotado de razón debe estar dotado necesariamente de autonomía" (pág. 274), remata. ¡Qué maravillosa defensa de la dignidad humana, dotada desde su origen de la capacidad de pensar y, por ello, de saberse libre! No era preciso esperar a que cesase la "oscura" Edad Media para que los más preclaros pensadores cristianos percibiesen al hombre como un ser esencialmente racional y, en cuanto tal, libre. No se olvide que Calvino nació en el siglo XVI, y en nuestros días la genética y la neurociencia nos quieren convertir en meros juguetes en manos de los genes y las hormonas. ¡Pavorosa claudicación! Emanciparse del "yugo cristiano" para caer en las garras de la biología...

Advierte Nemesio de Emesa: "Está en nuestro poder realizar acciones virtuosas o malas, elegirlas, movernos hacia una cosa o hacia otra y realizar aquello de lo cual podemos hacer igualmente lo contrario, ya que la elección precede a toda acción" (pág. 270). No somos víctimas de las circunstancias, ni presos del contexto en el que nacemos: nuestra libertad es "infusa", y toda persona la percibe de manera natural; son las ideologías las que nos hacen creer lo contrario, para así erigirse en eficaces "exorcistas" de esas trabas fantasmagóricas que nos impedirían llegar a ser lo que somos. La antropología cristiana, en este caso patrística, por el contrario (y aquí Gregorio de Nisa constituye su epítome, en su tratado sobre *La creación del hombre*), defiende de manera radical la dignidad natural del hombre, dotado de autonomía y responsabilidad, pues quien puede pensar puede elegir, y quien puede elegir puede equivocarse, y pagar por ello: "Desde el momento en que hay quienes hacen las cosas con rectitud, es claro que los que no las hacen se equivocan voluntariamente" (pág. 271). "Somos malos por elección y no por naturaleza" (pág. 276). ¡Qué lejos queda de esta afirmación la ingenua tesis socrática de que erramos sólo por ignorancia! Incluso parece amenazada la tesis de que el pecado original nos inhabilita para obrar como es debido... lo que se nos antoja evidente es que, cuanto menos, sí pierde gran parte de su *terribilità*, tan cómoda por lo demás para disculparnos ante nuestra propia conciencia.

La majestuosa empresa de Nemesio de Emesa quedaría incompleta si se nos arrojase a la indigencia de una libertad abstracta, desamparada, alejada de Dios (el cual, a su vez, se vería peligrosamente degradado si, al modo epicúreo, se desentendiese de su criatura para entregarse a una oprobiosa ociosidad celeste). Por ello no ha de sorprendernos que los últimos capítulos del libro estén consagrados al tema de la providencia, a la cual ya ha advertido anteriormente que corresponde "asignar a cada cual lo que le conviene a cada uno" (pág. 258). Ahora bien, la providencia no se describe de manera totalitaria, impávida e incluso despersonalizadora, sino que "ella vigila sobre nosotros de muchas maneras diferentes" (pág. 280), pues "la providencia es, por un lado, común, y por otro particular" (pág. 271). La providencia resulta esencial en la delicada arquitectura del cosmos pues, de suprimirla, "la injusticia sería permitida a todos", "se eliminarían asimismo la misericordia y el temor de Dios, y se descartarían con ello la virtud y la piedad" (pág. 280). Ante la perspectiva de que la libertad del hombre le permitiera homologar el bien y el mal en un plano metafísico (aunque no, por supuesto, moral), Nemesio advierte que "Dios es bueno, y si es bueno, es por consiguiente bienhechor, y si hace el bien, ejerce también la providencia" (pág. 281). La providencia se constituye entonces en la garantía de que la Creación no se encamine al abismo por la negligencia de esas criaturas peculiares que son las racionales: "A la creación pertenece hacer bien las cosas que llegan a existir; a la providencia, en cambio, cuidar bien todo lo que ha sido creado" (pág. 282). No, a Dios no le somos indiferentes, ni estima igual de respetable que, en cuanto autónomos, decidamos obrar mal: por el contrario, vela por nosotros con una paternidad amorosa, hasta el punto de que a cada persona concreta la reconoce "por la forma de su apariencia y por el timbre de la voz" (pág. 283). Para Dios, todos somos únicos, del mismo modo que una madre ama por igual a todos sus hijos. De ahí que la providencia sea universal y común, pero atenta a la diferencia de cada hombre, ese "animal versátil":

> Es necesario que la providencia que se adapta a cada uno sea diversa, variada, dividida en muchos y extendida para que coincida con la incomprensibilidad de lo múltiple" (pág. 296).

Así pues, Dios nos concede y acepta nuestra libertad pero no se desentiende de nosotros, del mismo modo que un progenitor asume que sus hijos son entes separados de él, pero no deja de amarlos y preocuparse por ellos. Con ello, se salvan tanto la autonomía personal (que debe ser moralmente gestionada para estar a la altura de su dignidad congénita) como la irrebasable tutela que Dios ejerce, y no puede dejar de ejercer, sobre sus criaturas, en un círculo virtuoso que arroba el corazón y eleva el ánimo.

IV

"GUIADOS POR GRACIA CELESTIAL":
El humanismo cristiano y el legado grecolatino

Que el humanismo renacentista aspiraba a la armonía, a la síntesis y a la integración de los contrarios, es un tópico que no por repetido es menos cierto. La ambición de Marsilio Ficino al pergeñar su *Prisca Theologia*, o de Agostino Steuco cuando acuñó el concepto de *Philosophia Perennis*, apuntaban en la dirección de un sustrato común a todas las manifestaciones culturales humanas, con independencia de las épocas y las latitudes, algo que se perdió cuando, a partir del Romanticismo, se priorizó el culto a las identidades nacionales y a sus peculiaridades; tanto es así que Herder llegó a postular que cada idioma transfería un modo de ver el mundo tan particular, que resultaba específico suyo, e incluso intraducible a cualquier otro. El humanismo, por contra, afirma la subsistencia de unas constantes antropológicas que se superponen a cualquier singularidad epocal o geográfica, ya que la especie posee una caracteriología sustancial invariable, la cual es la que nos permite hablar, precisamente, de humanidad en cuanto tal y no de un mero agregado de etnias u otras entidades raciales o sociales. Esta perspectiva fue recuperada en el siglo XX por la antropología filosófica (con una obra como la de Ernst Cassirer), precisamente a la luz de los estudios de campo realizados por insignes etnólogos en todo el planeta, así como por el psicoanálisis, en especial por C. G. Jung y su teoría de los arquetipos del inconsciente. Sin embargo, mientras que la antropología como ciencia social y cultural en cuanto tal se esmeraba en poner el énfasis en las diferencias entre las distintas comunidades humanas, es en la filosofía y en la psicología donde hay que buscar un auténtico interés por preservar la unidad subyacente a todas ellas.

Bien, pues es con el humanismo renacentista y su reivindicación de la vigencia de los clásicos grecolatinos y cristianos más allá de las épocas y los sesgos doctrinales cuando se hace especialmente urgente el reenfoque en la percepción de la tradición cultural de Occidente, contemplada ahora como una fuente de valores más o menos permanentes, lejos, pues, del relativismo moral que empezaba a esbozarse con el descubrimiento del Nuevo Mundo y la constatación de la existencia de formas culturales aparentemente heterogéneas. Sin llegar, todavía, a plantearse las consecuencias que de ello se derivaban (algo que sí merece la atención, aunque ocasional y un tanto ligera, de Montaigne), sí que se percibe en los humanistas del Renacimiento un afán casi obsesivo por superar la oposición entre cristianismo y paganismo, subsumiéndolos en una suerte de síntesis dialéctica superior que, sin embargo, no pusiera en entredicho la superioridad religiosa y espiritual del Evangelio. Si en ciertos momentos de la Edad Media se había planteado la existencia de una doble verdad, una filosófica y otra teológica, para hacer frente a la colisión entre las certezas basadas en la experimentación y aquellas obtenidas mediante la fe, en el Renacimiento (o, al menos, en aquellos humanistas que sufrían en sus carnes el desgarro que les suponía apreciar sobremanera a los autores grecolatinos paganos, cuando su corazón pertenecía por entero a Cristo) es el afán de conseguir la convivencia entre el legado grecolatino y el estrictamente cristiano lo que les estimula a tender puentes entre ambos, todo ello en aras de asegurar la correcta percepción del alma humana y de su destino en el mundo.

Si un autor vivió de manera acuciante la necesidad de armonizar a Sócrates y a Cristo (hasta el punto de afirmar que "Sócrates está en el número de los santos que en ley de natura sirvieron a Dios") fue Erasmo de Rotterdam, quien dedicó a esta temática abundantes páginas a lo largo de su obra, siempre con la idea en mente de no dejar escapar, con vistas a una finalidad religiosa superior, cualquier documento literario o filosófico idóneo para tal propósito. En uno de sus coloquios, llamado "de los religiosos", podemos leer a este respecto unas palabras iluminadoras y explícitas acerca de la compatibilidad de cierta tradición grecolatina (no, por supuesto, aquellas obras profanas de mera exaltación de los placeres mundanos) con el mensaje cristiano, hasta tal punto de afirmar preferir un Cicerón a un Scoto.

EUSEBIO. No se debe llamar escritura profana a la que tuviere doctrina pía y provechosa para las buenas costumbres. La Escritura Sagrada en todo ha de llevar la ventaja y con esta ninguna se ha de comparar; pero entre las otras yo muchas veces hallo algunas cosas que los antiguos dijeron o los gentiles escribieron, aun hasta los poetas, las cuales son tan puras, tan santas, tan divinas, que no puedo creer sino que cuando las escribían alguna gracia especial de Dios regía sus corazones para ello, y por ventura a más se extendió el espíritu de Dios en repartir su doctrina de lo que no nosotros pensábamos, y aun en la vida pienso haber muchos en la compañía de les santos que acá no sabemos. En cuanto a la doctrina, confesar quiero mis pensamientos, pues estoy entre mis amigos: que nunca leo las obras de un [Marco] Tulio [Cicerón], que hizo *De Senectute, De Amicitia, De Officiis y De Questionibus tusculanis*, sin que muchas veces bese el libro en que estoy leyendo y tengo en gran acatamiento aquel ánimo que, según yo creo, en mucho de lo que allí dijo fue guiado por gracia celestial.

Lo contrario me acaece algunas veces que leo a estos doctores nuevos que han escrito preceptos de república y de económica y de otras materias pertenecientes a filosofía moral, los cuales ¡cosa maravillosa! es cuando fríamente proceden en comparación de los antiguos, y cuán enfrascados van en todo lo que escriben, tanto que aun ellos mismos parece no entender lo que dicen. Yo, por lo que a mí incumbe, más sentiría faltarme un libro de materias morales de los que escribieron Tulio o Plutarco que todo cuanto escribió Scoto, no porque me parezca mal lo que él escribió, sino porque se me antoja más útil la lección de estos otros que la suya. Esto digo respecto a las virtudes morales, que en las que llaman teologales basta lo que nos enseñaron los apóstoles y sus sucesores, los doctores antiguos; y en todo lo demás, mejor sería gastar el tiempo en obrarlas que en disputarlas.[1]

Sin embargo, no es un caso aislado en la tradición del humanismo cristiano, muchísimo más ilustrado y menos excluyente de lo que le gustaría a sus adversarios. Es conocido el dictamen favorable que plasmó San Basilio en un opúsculo recomendando el estudio de las letras profanas por parte de los jóvenes, aconsejando el extraer de ellas "cuanto de esas obras nos sea familiar y connatural con la verdad y pasaremos por alto lo restante",[2] empleándolas como propedéutica a la consagración a las letras sagradas una vez se disponga de la madurez espiritual necesaria. Nada que ver con la contrición que mostraba San Jerónimo en su epístola a Eustaquia, donde afirmaba: "Señor, si alguna vez tengo libros seculares y los leo, es que he renegado de ti",[3] si bien antes se había formado profusamente en la lectura de todo tipo de autores griegos y latinos,

---

[1] Erasmo de Rotterdam, *Coloquios*. Edición de I. B. Anzoátegui. Buenos Aires, Espasa-Calpe, 2ª ed., 1947, pág. 110, algo enmendado.
[2] Basilio de Cesarea, *A los jóvenes: cómo sacar provecho de la literatura griega*, IV, 9. Introducción, traducción y notas de Francisco Antonio García Romero. Madrid, Ciudad Nueva, 2011, pág. 9 de la edición electrónica.
[3] *Cartas*, vol. I, XXII. Introducción, versión y notas de Daniel Ruiz Bueno. Madrid, Biblioteca de Autores Cristianos, 1962, pp. 192-193.

pues "la formación clásica fue la nodriza del gran escriturista, la cuna del Doctor Maximus".[1]

Ahora bien, donde encontramos plasmada de manera más diáfana, franca y honesta la actitud del humanista cristiano respecto a los autores clásicos de Grecia y Roma es en las *Instituciones divinas*, de Lactancio. El autor le dedica al tema un espacio considerable, pues su propia disertación se realiza de manera dialéctica con los autores de dicha tradición, a quienes es capaz de reconocerles su parte alícuota de razón: "No hubo ninguna secta filosófica tan descarriada ni ningún filósofo tan vacío que no viera algo de verdad",[2] e incluso llega a afirmar que "la verdad se encuentra en todas estas escuelas, pero por partes". Sin embargo, "como se ensañan unos contra otros en su afán de contradicción, al intentar defender incluso lo que hay de falso en su doctrina y erradicar lo que hay de verdad en la de otros, no sólo se les escapa la verdad que simulaban buscar, sino que incluso la perdieron ellos mismos por su propia culpa". Este aspecto, el de extraviarse al no atenerse al objeto de la investigación, es de carácter interno, y apunta a una de las carencias del método dialéctico, a saber, la de parecer más preocupado en imponerse a las tesis del interlocutor que en discernir de su mano lo que hay de verdadero en aquello que se plantea, lo diga Agamenón o su porquero.

En una segunda fase, esta de carácter profundo y doctrinal, Lactancio señala que "la causa de todos los errores de los filósofos fue ésta: que no comprendieron la razón de ser del mundo, razón que contiene toda la sabiduría. Pero esta razón no puede ser comprendida desde su propio sentido ni desde su significado interno: y esto es lo que pretendieron hacer ellos por sí mismos sin

---

[1] Enrique Basabe, "San Jerónimo y los clásicos". *Helmantica: Revista de filología clásica y hebrea*, tomo 2, núm. 5-8 (1951), pág. 171.

[2] Lactancio, *Instituciones divinas*. Introducción, traducción y notas de E. Sánchez Salor. Madrid, Gredos, 1990, pp 271ss.

la ayuda de ningún maestro. De ahí que cayeran en opiniones variadas y con frecuencia contradictorias, de las cuales no podían escapar". Es decir, que en su búsqueda de la verdad carecían de brújula certera, de manera que les resultaba sumamente sencillo desviarse ante cualquier vicisitud argumentativa o enzarzarse en diatribas ociosas (lo cual se percibe con frecuencia incluso en más de un diálogo platónico, sobre todo los primeros, donde no se llega a ninguna conclusión y cada uno se va por donde vino).

Sin embargo, lo que para Lactancio acaba por decantar la balanza en contra de la matriz profana grecolatina es que "todas las sectas filosóficas tienen necesariamente que estar muy alejadas de la verdad, porque fueron los hombres quienes las fundaron, y no pueden tener ninguna base ni firmeza, ya que no están apuntaladas en ninguna revelación divina". Y es que

> conocer la verdad sólo es patrimonio de aquel que ha sido adoctrinado por Dios, ya que, de otra forma, no se puede rechazar lo falso y elegir y aceptar lo verdadero; aunque, si alguien por casualidad lo consiguiera, ése practicaría una filosofía verdadera, y, si bien no podría defenderla con los testimonios divinos, la propia verdad resplandecería, sin embargo, con su propia luz.

Llama la atención la posibilidad de que alguien, "por causalidad" (vale decir, sin ser consciente de ello, o sin proponérselo, pero no necesariamente como fruto del azar) pueda "conocer la verdad", y así, practicar "una filosofía verdadera" la cual, aunque no supiera defenderla por carecer de los instrumentos adecuados (la revelación), no dejaría de resplandecer "con su propia luz". ¿No está abriendo aquí la puerta Lactancio a la opción de que la verdad pueda posarse incluso en árboles ajenos pues, como un ave soberana, es dueña y señora de su propio vuelo? De hecho, cuando

Erasmo admite haber leído "cosas que los antiguos dijeron o los gentiles escribieron, aun hasta los poetas, las cuales son tan puras, tan santas, tan divinas, que no puedo creer sino que cuando las escribían alguna gracia especial de Dios" no hace otra cosa que retomar esta misma idea: la de que, antes de la venida del Salvador, Dios no había dejado a los hombres abandonados a su suerte, sino que diseminó en su corazón abundantes semillas de verdad, las cuales sólo pudieron germinar con Su encarnación.

Bastan estas palabras para ponderar la amplitud de espíritu del humanismo cristiano, capaz de acoger la verdad allá donde se presente, en el bien entendido de que corroboren, en sus propios términos, el mensaje básico común, cual es el de la existencia de un Dios omnisciente y todopoderoso al cual el hombre debe obediencia y cuyos dictados han de guiar su conducta. Ojalá este ecumenismo bien entendido volviese al primer plano del debate intelectual contemporáneo (todavía herido por la lanzada en el costado que le propinó la Modernidad con su historicismo deicida) y fertilizase la consolidación de un mensaje común a la humanidad, más allá de escisiones artificiosas y falsas dialécticas interesadas.

V

PETRARCA, ¿HUMANISTA CRISTIANO?

La imagen que suele brindarse de Francesco Petrarca es la de un "hombre adelantado a su tiempo" y heraldo de una nueva época, emancipada de ataduras religiosas y comprometida con el mundo y sus pasiones, de todo lo cual quedaría constancia en el *Cancionero*, su obra más conocida. Nada más lejos de la realidad. Basta con leer sus *Remedios* (reeditados en fecha reciente),[1] *Mi secreto* (disponible en nuestra lengua desde hace un tiempo) o *La vida solitaria* (que tuve la fortuna de editar en 2020, en primorosa versión de Jesús Cotta) para constatar que Petrarca se percibe a sí mismo como un cristiano de los pies a la cabeza, sin vacilación alguna. De hecho, el autor deja poco margen para la ambigüedad a este respecto; haciendo gala de un suave escepticismo de estirpe ciceroniana, afirma en la carta 6 del libro I de las *Seniles* que le resulta imposible "afirmar ni dudar nada sobre ningún ningún punto particular, salvo sobre aquellos que creo sacrílego albergar dudas" (libro I, carta 6, 6).[2] Es decir, que a pesar de reconocerse como un hombre anegado en la incertidumbre y atenazado por emociones encontradas y con frecuencia contradictorias –lo cual queda de manifiesto especialmente en el *Secretum*–, si en algún ámbito puede descansar es, precisamente, en el de su fe cristiana. La religión constituye para él la raíz misma de la existencia humana, de manera que, en palabras de Petrarca, "nada se hace de forma debida y con buenos auspicios si no toma su arranque de la re-

---

[1] *Vid. infra,* "Petrarca (nuevamente) intempestivo", pp. 59-65.
[2] Cito por la edición de Ugo Dotti. Traducción de Francisco Socas. Barcelona, Acantilado, 2023.

ligión" (libro IV, carta 3, 10). Los testimonios abundan en estas *Seniles* –bien es verdad que, en ocasiones, pronunciados de manera un tanto mecánica–, pero es en la epístola 7 donde el autor abre el tarro de las esencias para entonar un cálido encomio de su religiosidad. En el contexto de una ácida crítica a la astrología, leemos:

> [19] Pero nosotros, encerrados bajo el techo de un corazón piadoso, no adoramos a la milicia del cielo sino al propio Rey todopoderoso del cielo, esto es, rendimos culto a Dios Padre, a su Hijo unigénito Jesucristo crucificado y al Espíritu Santo, el Paráclito que procede del Padre y el Hijo, a un Dios único y triple. En Él confiarnos, en Él creemos, nos comprometemos con Él y con ningún otro. [20] ¿Por qué nos enredáis con una superstición extraña? Obedecemos a Aquel que nos creó y después de crearnos nos gobierna, y a su vez ha creado y gobierna el cielo y las estrellas, y a la hora de crearnos y gobernarnos necesita tan poco la ayuda de las estrellas como a la hora de crear o gobernar las estrellas necesita nuestra ayuda. Si en nosotros hubiera lugar para el poder de otro, le rendiríamos igualmente el culto debido; ahora sabernos que no debemos nada a otro. [21] Si algo de bueno hay en nosotros, de Él proviene; todo lo malo, en cambio, de nadie proviene sino de nosotros mismos; de no ser así no podría ser objeto de castigo toda vez que provendría de otro. Así pues, procurad no confundir a Dios con sus criaturas. Pero si a la postre escogéis el error, dejadles el camino de la verdad y de la vida a quienes anhelan llegar a Aquel que es "camino, verdad y vida" (libro I, carta 7, 21).

No se trata de una declaración protocolaria, de trámite, incluida como una frase hecha para cumplir con lo que exige la buena educación, sino un encendido canto de amor a Dios, de un reconocimiento de nuestro papel subalterno en cuanto criaturas respecto a nuestro Creador y de una prueba de esperanza inequívoca en Su mensaje. Esta epístola, en concreto, se prodiga en manifestaciones del mismo tenor, en absoluto alejadas de lo que cualquier prejuicioso tildaría de "espiritualidad medieval". ¡Pobres botarates! La fe cristiana no es más medieval que renacentista, ni más antigua que moderna: es atemporal, porque vino a refutar la primacía de Cronos, el destructor, para ponderar la hegemonía de lo eterno. Y Petrarca, como sabio humanista, no podía dejar de ubicarse bajo la égida de un credo que, para él como aún para muchos de nosotros, supuso un antes y un después en la historia de la humanidad, por cuanto nos sacó del ostracismo en el que permanecíamos desde el día de la Caída para ponernos en camino, de nuevo, hacia la casa del Padre.

Que Petrarca vivía una religiosidad de manera plenamente interiorizada, y no meramente convencional o ceremoniosa, lo pone de manifiesto la epístola 9 del libro III de las *Seniles*, donde se afirma que, frente a una existencia terrenal donde "los males no tienen final" (5), "no hay más esperanza que la misericordia divina" (*ibíd.*): es en "la patria del cielo" (2) donde cesarán nuestros dolores, ocasionados por nuestra naturaleza inestable, de manera que será tras la muerte cuando podamos gozar de la auténtica plenitud, inviable en esta vida.

¡Oh, morada celestial, alegre y siempre la misma, donde nada es pasado ni futuro sino que todo es presente, donde nada se echa de menos ni se espera, síno que se goza de un bien real y presente, donde lo que una vez agradó siempre agrada y siempre agradará, inmutable y eterno, pues alivia el deseo del gozador de modo que no lo atenúa, lo cumple de modo que no lo acaba y lo refresca de modo que lo enardece; ese bien ninguna saciedad lo hurta o puede hurtarlo, no hay miedo de que mengüe, de que cambie, de que traiga preocupación o molestia alguna! Dichoso el caminante que al final llega allá guiado por el Misericordioso. Nosotros estamos aquí todavía, donde todas las cosas son variables, desgraciados, sin duda, si no fuera porque la esperanza y la paciencia dan consuelo a nuestras almas (libro III, carta 9).

Con estas palabras, Petrarca se manifiesta como un hombre perfectamente clásico (no "medieval") y, contra la opinión expresada por Dotti en el prólogo, en absoluto "premoderno": mientras que para el hombre moderno el cambio es salutífero e incluso hay que buscarlo como un bien por sí mismo –de ahí la moda como imperativo categórico: "hay que ser absolutamente moderno" y cambiar permanentemente, como Proteo–, para el clásico la impermanencia es un signo de debilidad y una fuente de dolores, incluso cuando lo constata como una ley de la naturaleza (al modo de Heráclito). Sin embargo, a partir de Parménides y Platón, la mudanza es sinónimo de imperfección y, aunque con Aristóteles se dota de una dimensión positiva por cuando permite a los seres pasar de la mera potencia al acto pleno, siempre se ansía trascenderlo para alcanzar el reposo final en una plenitud absoluta. Petrarca, que en todas sus obras –y, con una especial franqueza, en el *Secreto*– expone abiertamente la tensión entre la inestabilidad que le asedia y el apetito de superarla, no puede por menos que encontrar en los clásicos (paganos y cristianos, en ello no discrepan) una esperanza para superar el estado de postración que suponen las variaciones consustanciales a la vida para acceder, por fin, a la paz. Es justamente la suprema estabilidad el atributo divino por antonomasia, y por ello no puede dejar de buscar a Dios, en la intuición de que su ansia de estabilidad absoluta subyace un deseo de trascendencia total:

«Yo soy el Señor y no cambio», dice Él. Y también: «Yo soy el que soy». No sería de verdad y por completo si en Él cupiera alguna mudanza; lo que fue, «eso mismo» es, y no por acaso le aplicó esa palabra el Salmista. Lo que además fue y lo que es, eso mismo será siempre; más aún, ni el fue ni el será le convienen propiamente, sino tan sólo el es; de semejante modo también sabe lo que supo y quiere lo que quiso y puede lo que pudo (libro IV, carta 3).

De tal manera que el alma tiende hacia Dios de manera natural, como el agua del manantial al estuario marino; sólo en Él podrá hallar la estabilidad que no puede encontrarse en el mundo, reino de las apariencias y las mutaciones incesantes.

Ahora bien, si alguien aún cobija alguna duda acerca de la perspectiva petrarquiana respecto a la existencia terrenal, y su carácter infinitamente inferior a la celestial que nos espera después de la muerte, me permito reproducir, en su integridad, la carta 11 del libro XI, dirigida a Lombardo della Seta y fechada el 29 de noviembre de 1369. Con ello, creo que quedará zanjada cualquier discusión acerca del tema, así como del mayor o menor compromiso del autor con el cristianismo, en sus formulaciones más puras (ni medievales, ni ortodoxas, ni carpetovetónicas).

[1] Quieres saber qué opinión me merece esta vida que llevamos, y no sin motivo, pues son muchas y variadas las opiniones de los hombres al respecto: oye la mía en unas pocas palabras. Esta vida digamos que me parece un arduo camino de fatigas, una palestra de peligros, un teatro de engaños, un laberinto de errores, una broma de bufones, un desierto espantoso, una charca fangosa, una comarca árida, un valle espinoso, una montaña abrupta, una cueva tenebrosa, un cubil de fieras, un suelo improductivo, un campo pedregoso, un bosque de zarza-

les, un prado de verde hierba lleno de serpientes, un jardín florido pero estéril, manantial de cuidados, arroyo de lágrimas, mar de miserias; [2] trabajoso descanso, esfuerzo inútil, empeño vano, grata locura, peso siniestro, dulce veneno, miedo cobarde, descuido irreflexivo, vana esperanza, fábula inventada, falsa alegría, verdadero dolor, risa sin tino, llanto inútil, suspiro huero, orden confuso, tumultuosa mezcolanza, turbulento temblor, angustia continua, diligente pereza, pobre abundancia, rica carencia, impotente poderío, fuerzas tiernas, enfermiza salud, dolencia incurable, enfermedad doblada, hermosa fealdad, honra sin gloria, títulos deshonrosos, ridícula ambición, orgullosa bajeza, excelencia vulgar, humilde grandeza, oscura claridad, oculta fama, bolsa agujereada, vaso agrietado, bodega inagotable, ansias infinitas, perjudicial deseo, hidrópico esplendor, sed insaciable, árido hastío, hambrientas náuseas, vana prosperidad, adversidad siempre quejosa, verdor transitorio, flor caduca, gracia perecedera, belleza fugaz, triste alegría, amarga dulzura, placer punzante, necia sabiduría, ciega previsión, tétrica morada, breve albergue, fea cárcel, [3] navío a la deriva, anciano sin bastón, ciego sin lazarillo, camino resbaloso, trampa tapada, precipicio invisible, lima callada, liga pegajosa, lazos ocultos, redes escondidas, cebo de anzuelo, ásperos abrojos, pegajosos lampazos, agudos espinos, duros escollos, vientos furiosos, olas impetuosas, negras tormentas, horrísonas tempestades, mar proceloso, riberas borrascosas, puerto inseguro, nave desarbolada, descomunal naufragio, [4] fragua de crímenes, sentina de pasiones, chimenea de enojos, pozo de odios, cadena de rutinas, canto de sirenas, copa de venenos, ataduras mundanales, garfios de los negocios, remordimientos de conciencia, aguijonazos de arrepentimiento, llamas del pecado, [5] edificio destartalado, frágil cimiento, muros rajados, techos hundidos, ancha estrechura, estrecha anchura, sendas intrincadas, vuelta sobre los propios pasos, rodeos y merodeos, parada inestable, rueda tornadiza, carrera detenida, rugosa lisura, áspera suavidad, blanda fiereza, engañosos halagos, falsa amistad, discorde acuerdo, tregua sin garantías, guerra implacable, paz incierta; [6] virtud fingida, maliciosa disculpa, estafa aplaudida, deshonra gloriosa, sencillez ridiculizada y lealtad burlada, graves frivolidades, ingeniosa locura, torpeza parlanchina, encubierta ignorancia, engreída fama de saber sin saber nada, suspiros de quejas, clamor de pleitos, gritos vulgares, un viaje para olvidar, odio a la patria y amor al destierro, [7] república de vampiros y fantasmas, reino de demonios, imperio de Lucifer (así llama la verdad al príncipe de este mundo), en fin, una existencia aparente y sin alma, una muerte que aún respira, el perezoso descuido de sí mismo y el cuidado diligente por utilidades, afán de aparentar, codicia de lo superfluo, trabajosa preparación de un banquete de gusanos, infierno de los vivos y lujoso entierro de sus cuerpos, funeral interminable, pomposa vanidad, laboriosa milicia, peligrosa prueba, soberbia miseria, prosperidad lamentable. [8] Aquí tienes, querido amigo, como veo yo esa vida que a tantos les parece muy deseable y grata. Y todavía, pese a todo, no he expresado la idea completa que guardo en mi mente: es peor y mucho más desdichada de lo que puedo decir yo o cualquier otro hombre. Pero como eres inteligente, por esas pocas cosas que acabo de decir, podrás penetrar en los sentimientos de quien te habla. Hay en medio de tantos males *una sola cosa buena, que es que, sino se aleja uno de la senda recta, es ella el camino hacia la vida bienaventurada y eterna.* (La cursiva es mía)

En cualquier caso, no se trata el suyo de un cristianismo verbal, acomodaticio, alineado con las opiniones de su época por pereza o cobardía, no: Petrarca experimenta la presencia de Dios en su propia vida, en el día a día. No se trata de una instancia abstracta a la que apelar como último recurso, sino de un auténtico Padre que le guía y protege, al cual puede entregarse y en el cual debe confiar. Tanto es así que, al abordar la perspectiva de una vejez "calamitosa" y sopesar si es preferible optar por el suicidio, sus palabras resuenan claras y diáfanas. En absoluto: "Lejos de mi alma semejante locura; resistiré y me opondré mientras pueda el deseo de una falsa liberación no me hará caer de una cabeza en una verdadera servidumbre" (libro VIII, carta 2), pues con ello los suicidas "se ganan la muerte eterna". Para Petrarca, no somos los dueños de nuestro cuerpo y nuestra vida, sino meros usufructuarios de los mismos, de manera que no podemos disponer a voluntad de ellos:

> De todos modos, la idea de salir de un edificio incómodo pudiera ser propia no ya de un hombre prudente sino incluso de un alma grande, siempre que uno mismo hubiera escogido el edificio; pero la casa que en este caso le asignó el Rey del cielo al alma en su viaje no puede abandonarse sin hacer menosprecio y ofensa a su Señor. Así pues, no saldré del edificio más desagradable que haya ni tampoco de la cárcel más atroz a no ser que de ella me libere quien en ella me dejó amarrado.

Apela Petrarca a la aceptación de lo que la providencia divina tenga dispuesto para él como la conducta adecuada para un cristiano:

> También yo, sea cual sea el estado de mi cuerpo y las demás circunstancias, aguardaré con determinación la suerte que me toque. Ya veré lo que aquí o en otro lugar dispone sobre mí mi Rey y con su ayuda procuraré mentalizarme de manera que, ocurra lo que ocurra, lo encajaré con alegría si es posible, si no, con sapiencia y bravura.

Por si no fueran suficientes las propias palabras del autor, recurriremos al texto de Michele Schiavone titulado «Note sul pensiero filosofico di Francesco Petrarca»,[1] donde defiende "la genuina e profonda religiosità petrarchesca" (pág. 70) cuya originalidad surge "dalla concezione dell'unità del pensiero di Cicerone con quello di S. Agostino, nella quale il moralismo di origine classica è fuso e contemperato dalla religiosità cristiana" (pág. 72). Esta síntesis armónica planta sus raíces en una misma ambición por cultivar un saber que "abbia per fine l'elevazione dell'uomo" (pág. 73):

> E se questo fine irrenunciabile si realizza pienamente solo nell' adesione incondizionata al messaggio cristiano, è pur vero che nella vera sapienza la cultura classica è compresente con la fede. Lungi dall'esservi contrasto o frattura, neppure si può parlare di oscillazioni o di affermazioni contrastanti nell'interpretazione concordistica ed unitaria di classicità e cristianesimo: quello della continuità nella dimensione etico-escatologica tra la filosofia antica (limitatamente alla vera filosofia dei moralisti e dei poeti) e la verità rivelata è un convencimento che accompagna tutta l'esperienza e la meditazione spirituale del poeta (pp. 73-74).

La alianza entre el mundo pagano de estirpe grecolatina y la revelación judeocristiana, que será la marca distintiva del humanismo del Renacimiento, tiene en Petrarca su heraldo eminente.

> Il Petrarca promuove una *pia philosophia* (come più tarde il Ficino) nella quale si avverte la piena continuità tra *studia humanitatis* e *studia divinitatis*, convalidata dalla malleveria e dall'esempio di S. Agostino e di Lattanzio (pag. 74).

---

[1] Incluido en *Problemi ed aspetti dell'Umanesimo*. Milán, Marzorati, 1969.

Importa destacar que esta síntesis no es fruto de la voluntad empecinada, y contra natura, de un hombre que no desea renunciar a lo mejor de ambos mundos, sino de una toma de conciencia, racional y motivada, de una inspiración común: "La continuità tra antichità e Cristianesimo non è un compito da realizzare, per il Petrarca, bensì una realtà di cui si deve solo acquistare la consapevolezza" (pág. 75). En este contexto, la referencia continua del autor al modelo de San Agustín cobre pleno sentido, pues Petrarca lo acoge como "la conclusione armonica di quel sapere etico sull'uomo e sul mondo umano attuato dai veri filosofi dell'età classica". Todo ello le permite afirmar a Schiavone: "È fuori discussione il carattere religioso e, più propriamente, cristiano del pensiero petrarchesco" (pág. 86). *Quod erat demonstrandum.*

VI

PETRARCA (NUEVAMENTE) INTEMPESTIVO

"¡Oh, mortales, lloráis la muerte como si la
vida fuese una gran cosa! ¡Y también la tienen
las moscas, las arañas y las hormigas!"

Con la feliz iniciativa, por parte de la editorial Acantilado, de
devolver a las librerías los *Remedios* de Petrarca que, con el título
de *La medida del hombre*, José María Micó seleccionara, tradujera y publicara en 1999 para Península (algo que, a mi entender,
se debería haber hecho constar en los créditos), el sello barcelonés
prosigue con su loable empeño de mantener a los clásicos en el
punto de mira del lector generalista, esa "clase media" cultural cada día más escasa pero sin la cual ningún país que se quiera míni-
mamente instruido puede sobrevivir. Así, de su mano hemos podido disfrutar en los últimos años de textos esenciales de la tradición occidental, como los *Ensayos* de Montaigne o *Gargantúa y
Pantagruel* de Rabelais, junto a clásicos de la talla de Séneca,
Plutarco, Longino, Lucrecio, Boecio, Dante o Erasmo, insisto, en
una clave no especializada o reservada a los "felices pocos": con
ello, y frente al auge la autopublicación y el *amazonismo*, se vuelve a poner de manifiesto la importancia de las editoriales en la
configuración y mantenimiento de una cultura sólida y con futuro.

No es esta, ni mucho menos, una reedición "oportunista" o
ventajista, que se aproveche de ciertos vientos favorables al rescate de autores o títulos ahora nuevamente de moda, como está ocurriendo, sin ir más lejos, con los estoicos Séneca, Marco Aurelio o
Epicteto (a los que se rescata, incluso, en traducciones de imposi-

ble identificación): por el contrario, el Petrarca que encontramos en los *Remedios* puede presumir de presentarnos una propuesta absolutamente intempestiva, a contrapelo de la época, por cuanto defiende unos valores que, aun cuando universales y comunes a casi todas las épocas, en la actualidad se perciben como anticuados y caducos, cuando no "medievales" (el comodín del necio).

¿Y qué valores son esos? Los enuncia el propio autor: "el alma, la virtud, la fama [en cuanto recta reputación], la paz, el sosiego y la seguridad" (pág. 79). Para el aretino, "el único camino seguro y recto es el que pasa por la virtud" (pág. 26), y quien se aparta de él está condenado a subsistir con "una venda en los ojos, un lazo en los pies y un cepo en las alas" (pág. 31). Si echamos la mirada en derredor, comprobamos que "las cosas humanas cambian continuamente, y bajo el cielo no hay nada firme. ¿Quién esperará que algo permanezca entre tanto torbellino?" (pág. 51); que "gran parte de las cosas humanas está hecha de sombras, [y] que gran parte de los mortales se alimenta de viento y se divierte con fantasías" (pág. 132). Ello nos lleva a adoptar opiniones falsas, a sostener juicios erróneos y a confundir el valor auténtico de las cosas, tomando lo accesorio por esencial y (mucho peor aún) lo fundamental por prescindible.

Esta distorsión en el modo en que interpretamos el mundo y nuestra ubicación en él es la que tratará de combatir Petrarca en este libro, desmontando mediante la Razón todos y cada uno de los "falsos ídolos" del Gozo. Su propósito no es otro que el que ha guiado a los sabios, filósofos y profetas de todos los tiempos: el de llamar a los hombres a la verdad, sacudiéndoles del sopor en el que se encuentran sumidos y que les induce a perseverar en sus vanas ilusiones mundanas, en lugar de guiarse por la luz del espíritu.

Despertad, pues, los que dormís. Ya es hora de abrir los ojos soñolientos. Acostumbraos de una vez a pensar en las cosas eternas, a amarlas y desearlas, y a despreciar a un tiempo las que son perecederas. Aprended a apartaros espontáneamente de las cosas que no pueden estar mucho tiempo con nosotros, y a abandonarlas con el ánimo antes de que ellas os abandonen" (pág. 28)

Y es que "conviene, pues, complacerse con los bienes verdaderos y firmes, no con los falsos y perecederos". (p. 30). El primer paso para abandonar la senda que conduce al despeñadero es "que los hombres no excediesen sus limitaciones ni el orden natural, tantas veces confundido por la necedad humana" (pág. 72). Ante todo, en la vida "es preferible el término medio" (pág. 34), de acuerdo con la máxima clásica Μηδὲν ἄγαν (nada en exceso) que figuraba en el frontón del templo de Apolo en Delfos, y que impregna la cultura humanística occidental desde sus albores hasta el Romanticismo, cuando William Blake afirmará que "la senda del exceso lle-va al palacio de la sabiduría", desencadenando a la bestia inmunda que todavía anda suelta por el mundo...

Petrarca, desde luego, no tiene nada de moderno: su espíritu es clásico, incluso arcaizante (no "medieval"). Para el autor del *Cancionero*, el presente es una edad degradada en comparación con el esplendor de la Roma imperial, y su apelación a los poetas y filósofos de la Antigüedad no obedece a un prurito pedantesco o decorativo, sino a su honda convicción de que desde entonces *el mundo ha ido a peor* y que la única solución para nuestros males consiste en restablecer, restaurar incluso, la armonía perdida. Sí, a despecho de la visión que de él quieren dar los manuales escolares, Francesco Petrarca no era un "adelantado a su época" o el heraldo de la nuestra, sino un reaccionario de tomo y lomo. De ahí su profunda enemistad con su propia época, de la que abominaba, no solo en esta obra, sino en *La vida solitaria*, o en *De la propia ignorancia y la de muchos*.

Frente a los tópicos que combate con denuedo en los *Remedios* (y a fe que no deja títere con cabeza, arremetiendo contra las riquezas, la gloria, la belleza corporal, el prestigio de la juventud, las excesivas esperanzas, la abundancia de amigos, ¡incluso los muchos libros!), Petrarca erige un modelo de hombre perfecto, el sabio, que entronca con el que se propugnaba en la Antigüedad y que nada tiene que ver con el erudito, al revés, es su perfecto antónimo, pues "la sabiduría no se alcanza con el estudio de unos pocos años como otras disciplinas: es necesario el esfuerzo de toda una vida, por larga que sea" (pág. 43). Quienes se jactan de haber accedido al conocimiento simplemente por haber cursado unos estudios académicos, o por ejercer la profesión docente, ignoran que "los títulos no bastan para hacer sabios a quienes no lo son, aunque los conviertan en nobles, insignes, reverendos, ilustres y aun serenísimos, de modo que llegan a avergonzarse de un título tan simple como el de sabio" (pág. 44), cuando lo cierto es que "la sabiduría verdadera es inseparable de la virtud" (pág. 42), es decir, de la vida práctica:

> El conocimiento de las letras sólo es útil si se pone en práctica y se confirma con obras, no con palabras. De otro modo, muchas veces se confirma, como está escrito, que el conocimiento hincha de vanidad. Entender con claridad y prontitud muchas e importantes cosas, recordarlas con seguridad, contarlas de modo brillante, escribirlas con arte y declamarlas placenteramente, si todas estas cosas no tienen aplicación a la vida, ¿qué son sino instrumentos de una vacua petulancia, qué son sino trabajo y ruido sin provecho? (pág. 75)

Petrarca se extiende sobre la materia, pues no en vano él aspira a encarnar ese paradigma de hombre "prudente, justo, firme, humilde, inocente y piadoso" (pág. 51) que "no desea lo excesivo, sino lo necesario, pues aquello a menudo es perjudicial y esto es provechoso siempre" (pág. 62), aunque es plenamente consciente, como se pone de manifiesto en las páginas del *Secretum*, de que se ha quedado lejos de materializar su aspiración, la cual quizás no logre nunca en esta vida. *Eppur...* no ceja en el empeño, "se afana de continuo" (pág. 42), aconsejando a ese otro yo que es su imaginario interlocutor el modo de perseverar en el camino de la virtud: "Acuérdate del pecado para lamentarlo; acuérdate de la muerte para refrenarte; acuérdate de la justicia divina para temer, y de su misericordia para no desesperar" (pág. 41).

Mención aparte merece la crítica que dirige al exceso de escritores que padece su tiempo, ¡cuando aún no se había inventado la imprenta! "Hoy todos escriben, tanto los que saben como los que no" (pág. 67).

Todos se arrogan el oficio de escritor, que es propio de muy pocos. El afecto de este mal contagia a muchos, porque es fácil envidiar a alguien, pero muy difícil alcanzarlo. Por eso crece cada día el número de los enfermos y aumenta con ello la fuerza de la infección. Cada día hay más escritores y cada día escriben peor, porque es más fácil seguir que superar (pág. 72).

Se diría que "hay algunos que escriben sólo porque no pueden dejar de hacerlo, como quien corre cuesta abajo, que no sabe cómo parar" (pág. 77). De vivir en nuestros días, Petrarca se pasaría el día llevándose las manos a la cabeza...

Frente a la superficialidad del mundo desprovisto de virtud y de la desmesura fruto de las bajas pasiones (la codicia, la vanidad, la inconstancia, la lujuria, falsedad), el aretino sólo tiene un remedio infalible: "Menosprecia las cosas terrenales y aprende a suplicar y a esperar las celestiales" (pág. 125). La vida virtuosa es la vida piadosa, aquella que se reconoce como precaria y transitoria porque se halla en camino hacia otra superior, esta sí plena y permanente; quien opta por entregarse a los placeres efímeros o a las vilezas mundanas, está despilfarrando un tiempo precioso que debería emplear en "cosas más altas" (pág. 171):

Casi todo vuestro tiempo lo perdéis, lo desperdiciáis y aun lo menospreciáis como si se tratase de algo vil y sin valor. Ojalá lo empleaseis en la virtud o al menos en la fama y no en un deshonor inicuo e insolente; aunque cualquier cosa que no se emplea en aquello para lo que nos fue dada puede con justicia llamarse perdida. Para este fin nació el hombre, y *el tiempo le fue concedido para honrar y amar a su creador. Todo lo que se encamina a otros fines, claro está que se pierde.* (pág. 141) La cursiva es mía

Contra el *carpe diem*, el *memento mori*: "piensa en la sepultura". (pág. 156). Recuerda que habitas un cuerpo mortal, sí, pero que "el alma es inmortal" (pág. 183). "Sigue, pues, a tu espíritu, que te llama para cosas mejores, y presta oídos a la verdad, que a gritos te dice: «No busquéis las cosas visibles, que son temporales, sino las invisibles, que son eternas»" (pág. 168). La perspectiva de la muerte, en lugar de acobardarte, debería ilusionarte, pues te permitirá dejar atrás "esta vida incierta y fugitiva" (pág. 179), la cual, "vista por sí sola, no es más que una tienda de infinitas miserias" (*ibíd.*), para domiciliarte, al fin, en "una morada celestial y eterna" (pág. 180). Allí, tu parte mejor, el alma inmortal, conocerá al fin la perfección que le niega, con sus vaivenes, la realidad última de las cosas, la cual "la mente no puede penetrar, porque está cubierta de su velo mortal, y cuyo entendimiento es un deseo natural de todos los hombres, especialmente de quienes se dedican al estudio" (pág. 186).

> No esperes la muerte del alma, pues es propio de su naturaleza el no poder morir; y tampoco pienses que después de la muerte ya no hay males que sufrir por no tener alma, sino porque su Creador es tan manso, compasivo y misericordioso, que no despreciará su obra: siempre está junto a quienes lo llaman de corazón. A él debes rogar, en él debes depositar tus votos y tus esperanzas, y el último suspiro ha de ser para decir su nombre. Parte, pues, seguro y sin miedo. (pág. 184)

En los *Remedios*, Petrarca pone negro sobre blanco un catálogo de juicios erróneos acerca de la vida y trata de refutarlos, uno tras otro, oponiéndoles un modelo de vida virtuosa (la del sabio) y una perspectiva soteriológica de carácter espiritual que desemboca en una plenitud de ultratumba. ¿No decía yo, al principio, que se trata de una obra intempestiva, ya no contra su propia época, sino... contra todas las épocas? Su denuncia no ha perdido un ápice de vigencia, y su propuesta –tan clásica que, a estas alturas, ya se nos antoja... perenne–, a pesar de las apariencias, no sólo conserva su capacidad de persuasión, sino que puede que, a estas alturas de milenio, sea una alternativa a sopesar muy seriamente.

VII

LORENZO VALLA Y EL PLACER DE SER CRISTIANO

"No hay mayor epicúreo que el buen cristiano",
(Erasmo de Rotterdam, *Coloquios*)

Lorenzo Valla es uno de esos humanistas que, como muchos otros (Petrarca, a la de su *Cancionero*; Ficino, a la de su *Teología platónica*; Pico della Mirandola, a la de su *Oratio*; Erasmo, a la de su *Elogio de la locura*) sobrevive semioculto bajo la sombra que proyecta una gran obra, conocida por el gran público e integrado al patrimonio cultural universal; ello implica, en no pocas ocasiones, una recepción distorsionada de su propuesta intelectual, no sólo en cuanto parcial y sesgada, sino con frecuencia en cuanto contradictoria con el espíritu que les guiaba: ¿o acaso el aretino no concedía mayor importancia a su *África* que a sus sonetos inspirados en Laura? ¿Era Ficino menos cristiano por haber traducido, glosado e integrado el legado platónico? ¿Merece Pico ser reputado como supuesto precursor de la autonomía (kantiana) del sujeto moderno? ¿Aspiraba el roterdamés a ser identificado con posiciones anticlesiásticas? Es preciso matizar y, a menudo, refutar esa visión restrictiva de unas propuestas más ricas y profundas de lo que se nos ha querido hacer creer, y no por motivos inocentes.

El caso de Lorenzo Valla resulta especialmente sangrante, desde el momento en que se le vindica casi en exclusiva como filólogo y se margina su papel en el desarrollo del pensamiento del humanismo renacentista, en cuyos debates participó de manera muy activa (y en no pocas ocasiones, polémica: recuérdese su intercambio de invectivas con Poggio Bracciolini). La relevancia histórica de sus *Elegancias de la lengua latina*, su denuncia de la falsedad de los documentos que avalaban la Donación de Constatino o la influencia de sus anotaciones al Nuevo Testamento sobre la edición erasmiana, todo y siendo fundamentales para el desarrollo de la cultura europea tal y como la conocemos hoy en día, han centrifugado el interés prestado a sus reflexiones de índole espiritual y teológica, las cuales merecen ser tenidas muy en cuenta en su medida, no solo extrínseca e histórica (fueron muy leídas en su momento),[1] sino también intrínseca y filosófica. Especial atractivo poseen sus análisis acerca del libre albedrío y del sumo bien, abordados en sendos diálogos, pues en ellos encontramos planteados y reformulados, de manera clara y diáfana, conceptos que forman parte de la tradición de la *dignitas hominis*, y que en ese contexto suponen una fuente de saludable innovación: la que acoge la herencia de los ancestros para comprenderla a la luz de la propia experiencia, modificándola si es necesario y dejándola intacta, si no lo es.

En concreto, el diálogo *Sobre el verdadero y el falso bien*, traducido por primera vez al castellano por Luis Frayle Delgado en fecha muy reciente,[2] supone un aldabonazo para quienes le identifican con postulados neoepicúreos o le endosan, directamente, una actitud indiferente o irónica en materia religiosa. Por el contrario, encontramos en Valla una defensa (típicamente humanista) de un cristianismo experiencial, opuesto al formalismo de la escolástica, cuya utilidad para la vida actual –y para la eterna– es tal, que se erige en manantial de un goce legítimo, espiritual y perdurable:

---

[1] De hecho, Bartolomeo Facio escribió una obra como respuesta al que Valla había compuesto *Sobre el verdadero bien y el falso*. Éste, por supuesto, le contestó.

[2] Lorenzo Valla, *Sobre el verdadero y el falso bien*. Traducción de Luis Delgado Fraile. Edición y notas de José Luis Trullo. Sevilla, Cypress, 2024.

Per il Valla la religione non ha nulla a che fare con la speculazione, frenesia intellettuale quando non è rivolta al mondo
delle creature, alla natura che nella *voluptas* ha la sua espres-
sione più essenziale: essa si presenta come un'esperienza inti-
ma, una fede individuale che toglie le contradizioni esasperate
dalla speculazione e giustifica la natura. [...] Se il cristiano ri-
nuncia a certi piaceri del mondo, lo fa per meritare i piaceri
più alti e perfetti a lui promessi dopo la morte.[1]

En efecto, para Valla –como buen humanista– la dimensión intelectual, cuando se desentiende de su compromiso con la vida, carece de valor y acaba derivando en "unnecesary elaborate thought
systems that were increasingly remote from experience".[2] Eso le
lleva a privilegiar el papel del historiador, del orador y del gramático por encima del dialéctico, el filósofo y el teólogo, a los cuales
tacha de innecesariamente abstractos, cuando no de esterilizantes.
(En esto, no hemos mejorado mucho: los humanistas continuamos
imputando a los académicos una praxis intelectual desprovista de
enjundia moral, inútil para la existencia e inepta a la hora de comprender las verdades fundamentales del hombre).[3]

Ello no obsta para que la argumentación intelectual que
plantea Valla en esta obra no sea exigente y minuciosa, si bien en
ocasiones resulta artificiosamente complicada por la voluntad literaria del autor de no eludir las ambigüedades, las ironías, las paradojas e incluso las contradicciones retóricas que, en el contexto de

---

[1] G. Radetti, "Introduzione" a L. Valla, *Scritti filosofici e religiosi*. Florencia, Sansoni, 1953, pp. XVI-XVII.
[2] Ch. Trinkaus, "Lorenzo Valla: Voluptas et Fruitio, Verba et Res", en *In
Our Image and Likeness*. Chicago, Chicago University Press, 1970, pág.
105.
[3] Vid. mi "Sobre la utilidad y el perjuicio del saber para la vida", en la revista digital Humanistas: http://www.humanistas.eu/2024/05/sobre-la-utili-
dad-y-el-perjuicio-del.html

un debate de altos vuelos entre personajes históricos reales (Catón el Censor, Maffeo Vegio, Pier Candido Decembrio, Antonio Raudense), han planteado considerables retos hermenéuticos a los estudiosos, quienes han formulado interpretaciones discrepantes: para unos, su defensa del cristianismo como superior a los paradigmas epicúreo y estoico no es sincera, sino meramente retórica, mientras que para otros no cabe duda de que Valla se identificaba con los argumentos que, en el tercer libro, pone en boca de Antonio Raudense. Veamos cuáles son.

Antes de empezar su disertación acerca de cuál es el verdadero bien del hombre, sobre el que han departido anteriormente oradores identificados con el estoicismo (Catón) y con el epicureísmo (Vegio), Antonio afirma que, para hablar de dicho asunto, "es necesaria la ciencia de las cosas divinas, integridad de vida y severidad de costumbres"; además, "nadie puede encender en otros el amor de las cosas divinas si él está frío en ese amor", lo cual establece un primer límite para el debate: no se trata de una discusión meramente intelectual, sino que incumbe a la integridad de la persona, de manera que no es posible alcanzar su verdad profunda si se permanece fuera de ella. En esto, se percibe ese compromiso vital del humanista con su propio pensamiento, el cual le aleja del orador profesional para quien no es preciso que crea ni sienta lo que dice: basta con que lo diga bien. Antonio concibe su alocución como un testimonio personal, formulado tras contrastar los argumentos que va a exponer con su validez existencial; y es que no basta con instruirse intelectualmente sin atender a esa dimensión humana del conocimiento:

> Es muy necio el que confía totalmente en los libros y no examina con gran atención si es verdad lo que dicen, en todos los temas pero sobre todo en cuanto a las virtudes, en las que se asienta toda razón de vivir.

Formula entonces Valla la advertencia de que el legado clásico debe ser acogido de manera prudente, sin pleitesías desmedidas; lo importante de un documento no es que sea antiguo, sino que sea verdadero:[1]

> A la antigüedad yo le concedo las letras, los estudios de las doctrinas y, lo que siempre ha sido de más valor, la ciencia de hablar. Pero niego que llegara a la sabiduría y al conocimiento de la verdadera virtud.

Emprende entonces Antonio una diatriba abierta contra lo que ha venido escuchando en las exposiciones anteriores, a las cuales acusa de atribuir a la naturaleza aquello que es obra de Dios ("¿Por qué prefieres llamar creador de todas las cosas a la naturaleza antes que a Dios?") y, en general, de ignorar el mensaje cristiano en el abordaje de los temas. Se entiende que estoicos y epicúreos lo hicieran, por haber vivido cuando lo vivieron, pero no tras la venida de Cristo, que lo cambia todo:

> ¿Por qué, finalmente, has introducido en tu conversación a la naturaleza en lugar de Cristo sufriente, que puede estar en cualquier parte y presentarse ante nuestra mirada, más aún siempre está presente y también ahora en esta reunión y siempre acude presto a los que le invocan, como lo hace también en estos momentos?

De hecho, ni siquiera estima Antonio que aquello que estiman como virtudes sus contertulios lo sean verdaderamente:

---

[1] No otra cosa defendía Petrarca, quien escribió: "Tomar verdad una mentira porque es antigua y considerar mentira una verdad por haber sido descubierta recientemente, como si toda la autoridad de las cosas se fundamentara en el tiempo, es la máxima insensatez" (*Mi secreto*, III, 6).

Las virtudes de aquellos que hemos nombrado, que o bien o no quisieron conocer a Dios, o bien una vez conocido no le dieron culto como debían, no hay que considerarlas entre las virtudes sino, lo que es más sorprendente, entre los vicios.

Para Antonio, los contemporáneos que comulgan con los antiguos "no tendrán ninguna virtud si carecen de la fe, la esperanza y la caridad; y si faltase alguna de ellas no podrían estar adornados de ninguna otra virtud"; evocando a San Pablo, afirma que es preciso abandonar la idea de que la virtud es su propia retribución para, en cambio, acoger la esperanza de una recompensa póstuma en el corazón: "Si solamente para esta vida tenemos puesta nuestra esperanza en Cristo, ¡somos los más dignos de compasión de todos los hombres!" (1 Cor 15:19). Estima Antonio que "esta vida es doble, una ahora en la tierra, otra después en los cielos", pero "no podemos gozar de las dos, pues son contrarias entre sí como el cielo y la tierra, el alma y el cuerpo. Esta nuestra vida es incierta y falaz, en cambio aquella futura es segura y estable". Sin embargo, la esperanza es la que puede transformar la existencia terrenal, plagada de amenazas e incertidumbre, en un camino firme y seguro hacia la suprema gratificación póstuma:

Tampoco falta en esta vida un probable placer, y el más grande es el que nace de la esperanza de la felicidad futura. Porque la mente, consciente de lo que es recto, y el ánimo, asiduo en la estimación de las cosas divinas, se considera como un candidato y se figura los honores prometidos y, de alguna manera, los hace presentes.

La esperanza de la felicidad futura es fuente de felicidad presente. De hecho, el cristianismo –contra la imagen que tienen de él sus adversarios, y han transmitido también algunos de sus falsos defensores– es una religión de regocijo y alegría: los que manan de la convicción de haber sido rescatados por Cristo Salvador cuando Dios se hizo hombre. El cristiano no arrastra los pies por la vida, aguardando el día en que, muriendo, pueda existir realmente (aunque al leer a Petrarca nos asalten todas las dudas): al revés, camina a un palmo del suelo, levitando gracias a la ligereza que le confiere su fe, en virtud de la cual sabe que este mundo no es el final, sino el principio.[1]

En contraste con la existencia del cristiano, que la experimenta con la unción que le otorga su fe, la del pagano carecía (y la de quienes adoptan sus postulados carece) de la luz necesaria para apreciar su auténtico sentido:

Las cosas humanas, antes de ser iluminadas con la luz de la verdad y encendidas con el calor de la caridad, que es Cristo, eran vanas y dignas de suplicio. Paso por alto a los hebreos, y a otros, si los hubo, que practicaban la verdadera religión, a los que justa y convenientemente llamaría cristianos porque creían en Cristo. Fuera de ellos, ninguno de los otros, ni los atenienses, ni los romanos, ni otros cualesquiera hicieron algo digno de premio y no de castigo.

Tras la venida de Cristo, ya no hay excusa posible para no adoptar una vida santificada por la fe, pues

---

[1] "Ni Jesús fue 'triste y melancólico', como algunos piensan, ni la vida del cristiano tiene por qué ser penosa, 'inamoena', antes bien, ninguna otra hay más dichosa y tranquila; y pues Dios, el *summum bonum*, es la alegría y la paz, y los cristianos han encontrado en Él el bien supremo que persiguen los filósofos, ser filósofo equivale a ser cristiano". F. Rico, *El sueño del humanismo*. Madrid, Alianza Editorial, 1993, pág. 133.

¿qué hay más perverso que abandonar al hacedor de todas las cosas, es decir más que padre, y volverle la espalda cuando te llama? ¿O qué más necio que perseguir las cosas bajas y abyectas y verdaderamente terrenas y que pronto han de desaparecer y, por el contrario, posponer y despreciar las celestiales y, si se me permite, más que celestiales, eternas?

Antonio, suscribiendo el desprecio de la sabiduría mundana que muestran (cada uno a su manera) San Pablo[1] y San Jerónimo,[2] afirma:

> No temeré ni despreciar ni condenar a la filosofía cuando Pablo argumenta contra ella y Jerónimo, con algunos otros autores llaman heresiarcas a los filósofos. Adiós, pues. Adiós filosofía; y que salga del sacrosanto templo como una pequeña meretriz de la escena y como una sirena deje de cantar o berrear hasta llevar a la muerte a los hombres.

El tono de Antonio adquiere poco a poco un carácter vehemente, conminando a sus oyentes a corregir sus actitudes para interpretar adecuadamente lo que Dios hace por nosotros, y así hacernos acreedores de la alta felicidad a la que aspiramos:

---

[1] "Mirad que nadie os esclavice mediante la vana falacia de una filosofía, fundada en tradiciones humanas, según los elementos del mundo y no según Cristo". (Col 2:8).

[2] San Jerónimo habla en sus cartas de "stulta philosophia" (*A Paula*, 3) y llama a los filósofos, con Tertuliano, "padres primeros de los herejes" (*A Ctesifonte*, 2), si bien en ellas cita abundantemente a los griegos. En cualquier caso, en su opinión "bastan unas cuantas breves sentencias de las Escrituras para rebatir los argumentos de los herejes y, de rechazo, los de los filósofos" (*ibíd.*)

Si esperas los bienes eternos, ¿por qué deseas los terrenos? Pero si prefieres estos terrenos, aunque pequeños, ¿por qué no le suplicas a Dios en vez de acusarle a él, que dice que no ama a los que aman las cosas terrenas? ¿Acaso así incluso le maldices, huyendo, porque has merecido el castigo, porque no te ha dado premio? ¿Acaso le indicas los beneficios que primordialmente debe hacerte, como si fueras superior o mayor que él? Incluso cuando te ha hecho un beneficio, sabiendo qué sería conveniente para ti, no lo reconoces sino que como un ingrato llamas ofensa a la benignidad. Todos los que se quejan de la fortuna y de Dios deberían ser azotados con imprecaciones; pero esto nunca ha podido hacerlo la vanilocuente filosofía porque no ha amado ni dado culto a Dios. Pues le conociera o pudiera conocerle pero ha preferido fornicar con los amantes de las cosas terrenas.

Para Antonio, no cabe ninguna duda: "De la visión y conocimiento de Dios nace la felicidad". Esta felicidad proporciona "deleite" (regocijo, preferiría yo), en cuanto señal de instalación por la fe en un estado espiritual adecuado para conducirse cristianamente en la vida. Ahora bien, este deleite o regocijo o placer procede del amor a Dios: "porque Dios ha creado el placer, el que lo recibe ama, el que es recibido es amado".

El mismo acto de amor es un deleite, bien sea placer o bienaventuranza o felicidad o caridad, que es el fin último por el que se dan las demás. Por eso no me agrada que se diga que hay que amar a Dios por sí mismo, como si el amor y el placer fueran por el fin y no ellos mismos el fin. Mejor diríamos que Dios es amado no como causa final sino como causa eficiente; aunque cuando hablamos de causa eficiente solemos hacer mención de ella nominalmente, por ejemplo: "te amo por tu humanidad, por tu facilidad de palabra, por tu belleza". Por lo demás, en los libros sagrados no encontramos que Dios deba ser amado por sí mismo sino solamente que debe ser amado.

Estas palabras han dado pábulo a ciertas plumas torticeras para hablar de un "epicureísmo cristiano", haciendo un uso tan extensivo del concepto epicureísmo que acaba engullendo cualquier experiencia que agrada al que la siente. No: el goce es un sentimiento universal del que no se debería apropiar tal o cual filosofía, por mucho que Epicuro ubicase en el placer el sumo bien del hombre. Para Valla, el placer o deleite es un signo de conformidad con la disposición que debemos adoptar en la vida, basada en el amor a Dios. No es que el amor a Dios sea un bien porque nos proporciona sumo placer, sino que nos proporciona placer porque es un bien, el *sumo bien*, y si lo experimentamos es únicamente de manera parcial, a modo de anticipación del que disfrutaremos en la eternidad: "existe el sumo bien y es deseable", aunque "no se conseguirá en la tierra sino en los cielos", afirma de manera franca y, en mi opinión, incontestable.

Acomete entonces Antonio un encomio de la dignidad del hombre que merece ser reproducida en toda su extensión ya que, como digo, hasta ahora no había podido ser leída en castellano:

¡Cuánta benevolencia vemos en las cosas del creador, que las ha creado todas para los hombres: el cielo, la materia, la tierra y todo lo que hay en ella! Y si quieres admirar su grandeza, su hermosura, su sabiduría, ¿no quedará tu ánimo maravillado, no te avergonzarás de tus actos, no te confesarás indigno de tantos dones, si consideras estas cosas? [...] Y esta creación del Dios artífice es de tanta grandeza, hermosura y racionalidad, que casi diría que los animales irracionales, si pudieran hablar, confesarían que Dios es el autor de esta obra; y nosotros *seríamos irracionales si no admitiéramos que esta obra ha sido hecha para los hombres, para que así entiendas lo importante que eres, pues por ti han sido edificados el universo mundo y todos los cielos, para ti solo.* (La cursiva es mía)

Si Dios ha creado el mundo para el hombre, ¿cómo puede corresponderle este para estar a la altura de un don tan excelso?

¿Pero, preguntarás, por qué esta magnificencia para mí? Sin duda para que *al contemplar estas cosas tan magníficas, creadas para tu bien, te conozcas, eleves tu mente a lo más alto y no rebajes la gran dignidad de tu naturaleza a lo más bajo.* Y no establezcas como premio, como he dicho antes, las cosas despreciables de los bienes terrenales como son, las riquezas, las posesiones, los honores, los placeres de la carne; y te propongas otras cosas tanto mayores y mejores que estas que he llamado grandes, cuanto estas son infinitamente más grandes que las terrenas.

Ni grandes holocaustos, ni sacrificios humanos, ni ofrendas, ni desfiles, ni ceremonias pomposas: el hombre sólo tiene un *deber* aquí en la tierra para con Dios, que con tanta munificencia le ha obsequiado, y es "elevar su mente a lo más alto" (es decir, reconocer quién le ha creado y para qué) y "no rebajar la gran dignidad de su naturaleza" (entregándose a los disfrutes efímeros, como si en lugar de hombres fuésemos bestias). La dignidad del hombre, para el que Dios lo ha creado todo, implica despreciar "las riquezas, las posesiones, los honores, los placeres de la carne" y proponerse metas "mayores y mejores" que las terrenas, o sea: hacerse acreedor de la vida eterna.

Que el hombre es la criatura predilecta de Dios —una tesis recurrente en la tradición del humanismo cristiano— lo demuestra en la extrema atención que nos depara. A diferencia (¡oh!) de los dioses epicúreos, que abandonan a los hombres a su suerte, Dios vela providencialmente por nosotros:

> Cuantas veces hojeo entre mis manos los libros que se llaman "canónicos", en los que se entreteje la santísima historia desde el principio del mundo, conozco la bondad de Dios para con nosotros, su diligencia y casi diría su solicitud, de modo que me parece que abandona el cielo y se ocupa de las cosas humanas, que anda con nosotros, vive con nosotros, nos aconseja, poco a poco nos enseña y, finalmente, vuelve a nosotros sus ojos vigilantes como los de Argos; a no ser que algunos crímenes vergonzosos, cometidos ante su venerable presencia, lo obliguen a volver el rostro; y no sólo a volver el rostro sino a prorrumpir en gemidos y (si se me permite decirlo) también en sollozos. Asimismo tampoco deja de aconsejarnos; ruega, increpa, nos inspira la esperanza y el miedo, no como el maestro de escuela que cuando enseña las letras a los niños los castiga y exhorta, sino como el padre al que le interesan más sus hijos. ¿Qué digo los padres? Nosotros mismos no tenemos tanta solicitud por nuestros hijos. Él no se dedica a otra cosa, nunca se relaja, nunca duerme, siempre nos vigila mientras dormimos, siempre nos asiste; finalmente, nunca nos abandona, a no ser que nosotros poniendo en él nuestras ingratas e impías manos, lo rechacemos.

Vale decir: el hombre no está predestinado a la salvación, ni la providencia divina excluye su libertad. En el *Diálogo sobre el libre albedrío*,[1] Valla aborda el modo en que se conjuga la "pres-

---

[1] "Dialogo intorno il libero albedrio", en *Scritti filosofici e religiosi, op. cit. Vid.* n. 3.

ciencia" de Dios (su infinita capacidad de saber todo lo que puede pasar), su providencia y el libre albedrío del hombre. Hay que admitir que, más allá de afirmar la existencia de las tres, el autor no elabora un argumento filosófico complejo que lo avale; es más, apela al "mistero" (pág. 275) de que eso sea, efectivamente, así, previniéndonos de querer esclarecer mediante nuestra parva razón aquello que es potestad exclusiva de Dios: "Che temerità è, alla fine, la nostra, di volerle sapere assolutamente" (pág. 277). De hecho, Valla rechaza el papel de la filosofía en la religión –sin duda, la entendía como sinónimo de teología escolástica–,[1] adhiriéndose a la convicción paulina de que la sabiduría humana no alcanza a la divina:

> Io stimo infatti che nessun ammiratore troppo ardente della filosofia possa piacere a Dio [...] Mentre abbiamo fede negli uomini sapienti anche senza dimostrazione, per rispetto alla loro autorità, non ne avremo in Cristo, che è la potenza e la sapienza di Dio.[2]

No es extraño que, con estas afirmaciones, Valla se granjeara fama de fideísta, e incluso de preluterano (*sic*): "Stiamo alla fede e non alla probabilità dei raggionamenti. Il saperlo contribuirebbe

---

[1] "La «christiana religio», afferma il Valla –in opposizione alla tradizione teologica che confluirà nella Scolastica, da Boezio ad Abelardo, a Tommaso e tomismo–, non ha bisogno del «praesidium philosophiae»". S. I. Camporeale, *Lorenzo Valla. Umanesimo, riforma e controriforma*. Roma, Edizioni di Storia e Letteratura, 2002, pág. 180. *Vid.*, del mismo autor, "Philosophy as an 'Impediment' to Authentic Christian Thought and the Distinction/ Opposition between Patristic Theology and Scholasticism", en *Christianity, Latinity, and Culture. Two Studies on Lorenzo Valla*. Leiden-Boston, Brill, 2014, pp. 184-186.
[2] *Op. cit.*, pp. 278-279.

molto a rafforzare la fede? Sarà più utile l'umiltà".[1] Parece estar
esbozándose el *que sais-je?* de Michel de Montaigne... Al cabo,
Valla nunca quiso ser un filósofo, ni un teólogo, rechazando explícitamente la "immoderata cupidia si scienza".[2] No otra cosa
afirmarán otros autores en el siglo siguiente, como Enrique Cor-
nelio Agrippa (*De vanitate*, 1526) o Francisco Sánchez (*Quod
nihil scitur*, 1576).

Volviendo al diálogo *Sobre el verdadero y el falso bien*,
Antonio no se detiene en su defensa de la religión como cristiana
en cuanto vía para acceder al sumo bien del hombre, siempre que
esté a la altura de la dignidad que le ha sido concedida. Para él, la
Encarnación es la única prueba que necesitamos para aceptar que,
en efecto, nuestra esperanza no es vana, sino la consecuencia lógica de admitir que, haciéndose hombre y, más aún, muriendo en
la cruz, Dios nos tendió la mano para anunciarnos que, tras la separación infligida por la caída, regresaremos a casa:

> ¿Pues qué cosa mayor pudo prometerse nunca que el bien que
> deseemos en esta vida, si lo pedimos, nos será concedido; y p-
> ara la futura se nos reservará más que nos atrevamos a pedir,
> más que podamos pensar? Pero, ¿con qué prueba se nos pro-
> mete? Ciertamente una prueba mayor que ninguna otra, esto es
> que él quiso asumir la humildad de la carne humana y aceptar
> el suplicio de la muerte (y qué muerte). ¡Cuánto amor nos ha
> mostrado con tal garantía!

Sin embargo, hay quienes se resisten a creerlo, pues no lo perciben con los sentidos ni se les alcanza mediante la razón. Y, al no
creerlo, no lo comparten y rechazan la mera hipótesis de que el

---

[1] *Ibíd.*, pág. 280.
[2] *Ibíd.*, pág. 281.

sumo bien del hombre, su felicidad toda (la terrenal y la celestial), se encuentra en el amor a Dios.

¿Qué nos aparta más del deseo de las cosas divinas que, por una depravada y pestífera dureza de corazón, no creemos lo que no vemos? Pero como si las cosas invisibles pudieran ser vistas, o hubiera fe sólo si los premios prometidos fueran puestos ante nuestros ojos, o no tuviéramos que esforzarnos más para qué se nos reserve una recompensa que es más valiosa que lo que pueda pensarse. Así pues, como no vemos las cosas que se dicen del reino futuro, no las deseamos porque las consideramos falsas. Por eso no honramos a Dios, como si él no supiera ni premiarnos ni castigarnos.

La única persuasión posible para quienes cierran su corazón a Dios es, según Antonio, "instruirlos en la fe, que no tienen, por métodos atractivos". ¿Y qué medios son estos? Principalmente, despertarles el deseo de Dios mediante la *imaginación*, vale decir: recurriendo a medios indirectos (no coercitivos) que despierten su alma dormida y –recordándole quién es el hombre, de dónde viene y a dónde puede llegar– podamos "infundir en ellos la fe" y "aumentar en nosotros la esperanza y la caridad". Esta *evangelización indirecta*, que Antonio no detalla en toda su extensión, sin duda incluirá la poesía, el arte, los discursos y las experiencias intelectuales y espirituales que transformen al escéptico en alguien lo bastante humilde como para que abra su corazón a Dios, que le llama desde la expulsión del Paraíso.

Antonio pone en práctica este método exponiendo una pieza retórica de gran belleza, destinada a conmover al más obtuso y cerril:

En primer lugar invoco a Jesucristo Dios y hombre, que nos promete hacernos dioses como él, para que me asista cuando voy a hablar de cosas grandes y arcanas y me inspire el amor a las cosas divinas, que si siempre, en cualquier situación, es conveniente, lo es más en este momento. Vamos, figurémonos e *imaginemos lo que no podemos ver con los ojos*. Nuestra alma, liberada de los miembros del cuerpo, ve continuamente una atmósfera, por así decirlo, radiante, no con una luz ajena sino con la suya natural, más luminosa, más amplia y más deleitosa que esta nuestra. Así pues, si alguno tiene ojos de lince, será elevado hasta la mitad de la región del cielo, hasta donde suelen penetrar las águilas; gozará de un inmenso placer producido por la libertad de mirar a lo largo y lo ancho; sobre todo nos produce placer el contemplar las nubes iluminadas sobre el vértice y desde los montes que han surgido ver a lo lejos lugares remotos y divisar las olas multicolores del mar profundo que impulsan las velas de los barcos como si fueran cándidas palomas. ¿Qué serenidad pensamos que puede ser aquella que se nos descubre a los que salimos de una casa tenebrosa?

A un lector del siglo XXI puede hacerle sonreír la mera presunción de que, con este método tan florido como bienintencionado, pueda lograrse la conversión de nadie. Pero puede que el problema sea que, en nuestros días, es la propia imaginación la que se ha visto degradada y confinada a un uso menor, si es que no se ha atrofiado por el exceso de estímulos exteriores que la urgen y solicitan. A veces me esfuerzo en ponerme en el lugar de una persona del siglo XV, y trato de, sí, imaginar cómo viviría el mundo, qué le sorprendería, a qué concedería la capacidad de conmoverle; y, por unos instantes, me parece estar recuperando cierta inocencia o *credulidad sagrada* sin las cuales, admitámoslo, es imposible, ya no aceptar, sino ni siquiera comprender el mensaje evangélico. No en vano Cristo nos invitó a ser como niños... es decir, puros y confiados; algo que, en nuestra sociedad, exige un esfuerzo que pocos están dispuestos a hacer.

Pero (por fortuna para él) Antonio no es un hombre del siglo XXI, y por eso puede permitirse confiar en que, elaborando una pieza retórica convincente, despertará al alma dormida y la pondrá en camino hacia el cielo. Para ello, se esmera en detallar con todo lujo de pormenores los inmensos bienes de los que gozaremos tras la muerte, convencido de que ante esa perspectiva el corazón empezará a latir más fuerte y a elevarse un poco hacia su patria nativa, donde tras la muerte nuestros cuerpos "desprenderán un aroma inmortal" y estarán dotados de todo tipo de facultades inauditas:

> ¿Quién rechazará volar con ligeras alas como las aves, ahora a cielo abierto, ahora entre los valles, luego sobre los altos montes, después juguetear sobre las aguas con sus aladas compañeras? Y si te avergüenzas de las alas, aunque los ángeles se figuran adornados de alas, ¿no andaremos por los aires como andamos por el suelo?

Una vez en el cielo, junto al Padre, "las cosas que son negadas aquí a los mortales, en el cielo se les darán abundantemente, llenas de religión y santidad".

> En la Jerusalén celestial entenderás y hablarás todas las lenguas, dominarás todas las ciencias, todas las doctrinas, todas las artes, sin error, sin dubitación, sin ambigüedad.

La distancia entre la ciudad de Dios y la del mundo es la que separa la permanencia del cambio: aquí abajo todo es mudable, frágil, dudoso, miserable; allá arriba, permanente, sólido, excelente:

¿Qué diferencia hay en que aquellos bienes son eternos, estos temporales? Pues la fuerza y grandeza de las cosas celestiales nunca disminuye, como sucede en esta vida. Hoy realmente soy honrado con magníficos elogios, recibido por el pueblo con grandes honores, hoy me he casado, a mi regreso a casa he encontrado sanos a mis hijos y hermanos. Hoy veo los campos cubiertos de mieses, las viñas cargadas de racimos, los huertos alegres y frondosos con sus flores y sus frutos; hoy he hecho un singular negocio, he encontrado un amigo muy poderoso. Vete y vuelve a mí a los pocos días y ya se habrá desvanecido todo aquel placer; un pensamiento ha sucedido a otro pensamiento, una esperanza a otra esperanza, una voluntad a otra voluntad. Pues ni la humana fragilidad es tan grande que no se sacie y se apacigüe enseguida, ni las cosas humanas son tales que no puedan retenernos por largo tiempo en su amor. Pero en el cielo, donde lo mortal de aquí se vestirá de inmortalidad y lo corruptible de incorruptibilidad, todos los goces que he reseñado y otros innumerables que no he mencionado siempre estarán presentes y nosotros nunca nos cansaremos, nunca estaremos saturados, nunca hastiados de gozar, como el sol nunca deja de moverse, de calentar, de iluminar.

Emprende entonces Antonio una descripción meticulosa y exaltada de todos los placeres y delicias que nos aguardan en el cielo, en una apoteosis literaria que, en ocasiones, alcanza proporciones de visión profética:

¿Me pides que describa las cosas tal cual son? Nada en absoluto hay que cambiar del *Apocalipsis* de Juan. Esa urbe o ciudad tiene en sí la claridad de Dios y su luz, como la piedra preciosa, como el jaspe, o el cristal. Y sus murallas gruesas y altas tienen doce puertas y en ellas escritos los nombres de las doce tribus de los hijos Israel, con cuatro lados, cuantas son las partes del mundo, y con tres puertas cada uno. La muralla de la ciudad, que es cuadrada tiene doce fundamentos y en ellos los nombres de los doce apóstoles del cordero; la longitud igual que la anchura es de doce millas; la estructura de los muros es de jaspe y la misma ciudad de oro puro, igual que el vidrio puro. Los fundamentos de la muralla de la ciudad están todos adornados con piedras preciosas; el primero de jaspe, el segundo de zafiro, el tercero de calcedonia, el cuarto de esmeralda, el quinto de sardonia, el sexto de sardio, el séptimo de crisólito, el octavo de berilio, el noveno de topacio, el decimo de crisopasto, el undécimo de jacinto y el duodécimo de amatista. Y las doce puertas, que nunca se cierran, cada una de una margarita. Y en la plaza de la ciudad oro puro transparente como vidrio. En ella no hay templo, pues Dios omnipotente es el templo y el cordero. No necesita de sol ni de luna, pues la ilumina la claridad de Dios y el cordero hace las veces de lámpara. Más todavía, un río de agua viva sale del trono de Dios y del cordero en medio de su plaza. En las dos riberas del río está el árbol de la vida, que da frutos doce veces por mes. Y las hojas del árbol son medicinales para la salud de los pueblos. Ten en cuenta esto de la comida, además de lo que antes he dicho. Cualquiera puede imaginar esta ciudad a su antojo. Yo mismo no diré nada más para no alargarme.

La perspectiva de la reintegración final, cumplido el periplo mundano, debe henchir de gozo a cualquiera que no tenga tan atrofiado el espíritu como para haber olvidado de dónde viene, quién le creó, cuánto le debe:

¿Acaso no recuerdas que nos llenamos de indecible gozo cuando regresamos a nuestra patria terrena después de una larga temporada de peregrinaciones, volviendo a ver el lugar en el que hemos nacido, hemos crecido y nos hemos hecho adultos, como si reconociéramos todo aquello y naciésemos de nuevo? ¿Qué sucederá cuando volvamos a nuestra verdadera patria, de la que somos oriundos y en la que hemos nacido en nuestra parte mejor y más excelente? ¡Cómo saltaremos de alegría, después de un largo y peligroso destierro, al ver aquellas regiones y aquellos lugares magníficos!

La trayectoria circular de la existencia humana, en la cual el final coincide con el principio, y el alma que se ha conducido rectamente gozará de nuevo de la beatitud eterna, es un lugar común en la filosofía occidental, desde que Platón la propusiese en su *Fedón*:

> Los que se estima que se distinguieron por su santo vivir, éstos son los que, liberándose de esas regiones del interior de la tierra y apartándose de ellas como de cárceles, ascienden a la superficie para llegar a la morada pura y establecerse sobre la tierra. De entre ellos, los que se han purificado suficientemente en el ejercicio de la filosofía viven completamente sin cuerpos para todo el porvenir, y van a parar a moradas aún más bellas que ésas, que no es fácil describirlas ni tampoco tenemos tiempo suficiente para ello en este momento. Así que con vistas a eso que hemos relatado, Simmias, es preciso hacerlo todo de tal modo que participemos de la virtud y la prudencia en esta vida. Pues es bella la competición y la esperanza grande.[1]

---

[1] Platón, *Fedón*, 114b. *Diálogos*, III. Traducción de Carlos García Gual. Madrid, Gredos, 1988, pág. 135.

Esa "esperanza grande" en el caso de Platón, como sabemos, consiste en escapar a la transmigración a las que se ve sometidas las almas que no han superado la prueba de la existencia terrenal,[1] por haberse entregado a la concupiscencia; quien, por el contrario, cultive las virtudes del alma y le dé las espaldas a los placeres del cuerpo, puede albergar esperanzas.

> Debe estar confiado respecto de su alma todo hombre que en su vida ha enviado a paseo los demás placeres del cuerpo y sus adornos, considerando que eran ajenos y que debía oponerse a ellos, mientras que se afanó por los del aprender, y tras adornar su alma no con un adorno ajeno, sino con el propio de ella, con la prudencia, la justicia, el valor, la libertad y la verdad, así aguarda el viaje hacia el Hades, como dispuesto a marchar en cuanto el destino lo llame.

Lo que aporta el cristianismo a esta visión es que el destino final del hombre virtuoso no es la inmortalidad del alma, sino la resurrección de los cuerpos.

> Pero dirá alguno: ¿Cómo resucitarán los muertos? ¿Con qué cuerpo vendrán? Necio, lo que tú siembras no se vivifica, si no muere antes. Y lo que siembras no es el cuerpo que ha de salir, sino el grano desnudo, ya sea de trigo o de otro grano; pero Dios le da el cuerpo como él quiso, y a cada semilla su propio cuerpo. No toda carne es la misma carne, sino que una carne es la de los hombres, otra carne la de las bestias, otra la de los peces, y otra la de las aves. Y hay cuerpos celestiales, y cuerpos terrenales; pero una es la gloria de los celestiales, y otra la de los terrenales. Una es la gloria del sol, otra la gloria

---

[1] *Menón*, 81. *Fedro*, 249; *República*, 597; *Timeo*, 49.

de la luna, y otra la gloria de las estrellas, pues una estrella es diferente de otra en gloria. Así también es la resurrección de los muertos. Se siembra en corrupción, resucitará en incorrupción. Se siembra en deshonra, resucitará en gloria; se siembra en debilidad, resucitará en poder. Se siembra cuerpo animal, resucitará cuerpo espiritual.[1]

Sin embargo, Antonio aclara que ese "todos" admite gradaciones, pues la recompensa celeste estará en directa proporción de la santidad de la existencia de cada cual (de acuerdo con la bienaventuranza evangélica, que invierte las jerarquías humanas):

Cada uno estará tratado con honor tanto más grande cuanto él más hubiera dado como hombre religioso en la vida; orden del que carecen las cosas humanas. Podremos ver aquí a muchos hombres muy despreciados y perniciosos, llenos de riquezas, de honores y poder. Y esto no debemos llevarlo con ánimo molesto puesto que no son superiores a nosotros en bienes ni más felices; por el contrario nos hemos de alegrar por estar alegres con el justo grado de dignidad que nos corresponde en los cielos; porque además veremos a todos los que son indignos privados de los adornos de los que se ensoberbecen.

Se embarca de nuevo Antonio en una expansión lírica para describir la fabulosa recepción que nos espera cuando alcancemos el Cielo, congregados para abrazarnos nuestros seres queridos, pero no sólo ellos:

La madre del Señor, saldrá a tu encuentro [...] y tomándote de la mano te llevará ante su Hijo y al Padre mismo. Entonces

---

[1] 1 Cor 15:35-42. Traducción de Reina Valera.

aparecerá la alegría fervorosa de todos. Se redoblarán los aplausos, se elevará el tono de los cantos y se oirán cada vez con más frecuencia de manera que el mismo cielo parezca estallar no tanto por la fuerza como por la dulzura de las voces. El mismo Dios hombre no podrá esperar a que llegues tú, hombre Dios. Él se levantará de su trono y bajando de la basílica y el palacio hasta la puerta con gran poder y majestad, acompañado de miles de miles de purpurados te saldrá al encuentro. Apenas te sea posible póstrate ante su presencia, él, como un pacientísimo padre, que ha de recibir a su hijo que viene de una larga peregrinación, enseguida abre los brazos para abrazarte, los brazos que ya había extendido en la cruz para hacer lo mismo; brazos entonces llenos de humanidad, ahora llenos de gloria.

En plena efusión mística, subsumida al fin el alma en la plenitud del ser, a Antonio le vienen a la boca las palabras... de Virgilio:

Finalmente, hijo mío, has llegado a tu padre
y has colmado sus esperanzas.
La piedad filial ha vencido al duro camino;
y se me ha concedido contemplar tu rostro,
y oír de nuevo y recordar tu verdadera voz.
La recibo después de que has sido llevado
por tantas tierras y mares,
zarandeado, hijo, por tantos peligros.[1]

---

[1] La cita es aproximada. El original dice: "¡Has venido por fin! Tu amor filial / en que tu padre tenía puesta el alma, triunfó de los rigores del camino. / Me es dado ver tu rostro, hijo, y oír tu voz que conozco tan bien y hablar contigo. / Sí, mi alma lo esperaba. Me imaginaba que habías de venir y contaba los días. / No me engañó mi afán. ¿Qué tierras, qué anchos mares has cruzado / antes de que pudiera yo acogerte? ¿Qué riesgos, hijo mío, has

Tras un despliegue retórico tan espléndido, los oyentes caen rendidos ante la capacidad de persuasión de Antonio. Guarino resume el efecto de su discurso:

> No sólo nos has enseñado sino que te has esforzado en conmovernos poniendo de manifiesto la fuerza que tiene el placer divino. Pues temías, lo que ciertamente es temible, que hubiésemos sido convencidos por Vegio cuando recomendaba el placer epicúreo; y lo hiciste realmente con sensatez y a conciencia. [...] Vegio nos ha introducido corporalmente en un paraíso (así llamaban los griegos a los huertos de frutales); Raudense, hablando de este mismo paraíso, nos ha llevado en espíritu a un paraíso de más prestancia.

De este modo, Valla pone punto a final a un largo diálogo en el cual han tenido ocasión de exponernos sus argumentos los defensores del sumo bien estoico (Catón, la virtud), del epicúreo (Vegio, el placer) y del cristiano (Antonio, la fe). Sólo cogiendo el rábano del concepto por las hojas de las palabras se puede hablar de un *epicureísmo cristiano* a propósito de este último,[1] ya que, según hemos indicado antes, el placer no es para Antonio un fin en sí mismo –como, de hecho, debería ocurrir para merecer el calificativo de *sumo bien*– sino el efecto de haber adoptado la disposi-

---

arrostrado? / ¡Cuánto temí que el poderío de Libia te llegara a dañar". Virgilio, *Eneida*, VI, 686-694. Traducción de Javier De Echave Sustaeta. Madrid, Gredos, 1992, pág. 325.

[1] "Valla does not make an outright endorsement of ancient Epicureanism, as such, but plays with its ideas and uses the label for rhetorical support of his own position, which indeed has some common ground with Epicureanism; the latter *was not to be taken seriously except as a rhetorical stance in order to arrive at a certain result*. And moreover, his "Epicurean' discourse was made to begin under Christian auspices". Ch. Trinkaus, *op. cit.*, pág. 112. La cursiva es mía.

ción existencial correcta, desdeñando los bienes materiales y privilegiando los espirituales. Resulta sorprendente que Bartolomeo Facio se sintiera personalmente compelido a escribir una obra en respuesta a la de Valla (*Sobre la felicidad humana*), a la cual, si algún pero podemos ponerle, es un énfasis verbal tan desmesurado que, en ocasiones, parece entrar en el terreno de la parodia. Pero, claro, Valla no es Rabelais, ni su diálogo fue tomado en ningún momento en ninguna otra clave que la apologética.

En el contexto de la tradición del humanismo cristiano, la defensa de la *dignitas hominis* que desarrolla Lorenzo Valla en *Sobre el auténtico bien y el falso* no desentona en ningún momento; por el contrario, aporta elementos de carácter, si no inédito (el regocijo, como ya dijimos, forma parte esencial de la experiencia cristiana de la vida), sí estimulante, en la medida en que supera la pertinaz dicotomía entre disfrute y trascendencia, tan recurrente en este tema por haberse privilegiado la austeridad hasta extremos exagerados. No cabe duda de que el concepto de placer, en este contexto, debe manejarse con un cuidado extremo, pues puede dar –y, de hecho, ha dado– lugar a equívocos. Sin embargo, convenientemente interpretado, resulta convincente y en él se puede identificar un creyente sin necesidad de realizar un gran esfuerzo intelectual ni violentar los principios de su fe. Otra cosa es que, leyéndolo, un escéptico vaya a moverse un milímetro de su férrea convicción agnóstica. Pero, si ni siquiera la figura de Jesucristo y la lectura de los Evangelios ha podido hacerlo, ¿qué podría?

VIII

LEON BATTISTA ALBERTI, CONTRA LA OCIOSIDAD DEGRADANTE

La figura de Leon Battista Alberti (junto con la de otros genios polifacéticos de la época, caso de Leonardo da Vinci) constituye a los ojos de la cultura actual una de las más emblemáticas del Renacimiento, por lo que tiene de entusiasta defensor de la vertiente práctica del hombre, de su capacidad para incidir sobre el entorno y configurarlo "a su imagen y semejanza", y de dignificar su propia estancia en el mundo a través de la transformación del mismo.[1] No se trata, como suele creerse, de una actitud novedosa en el devenir de la historia occidental; ni siquiera debemos remontarnos a los industriosos romanos (que parecían no disfrutar de nada sobre lo que no hubiesen aplicado antes algún tipo de intervención material): en el tratado hermético *Asclepio* ya se planteaban las bases teóricas de la responsabilidad que tiene el hombre sobre el gobierno de la tierra, a modo de virrey o representante de Dios en la misma. Lo que confiere a la figura de Alberti un relieve singular es que, a la par que componía sendos tratados de pintura y arquitectura, o diseñaba obras de gran importancia en este último campo y en muchos otros (matemáticas, criptografía, música, incluso poesía), sacó tiempo para teorizar acerca de la dimensión activa del hombre en cuanto fuente de dignidad y ennoblecimiento personal.

---

[1] Según Eugenio Garin, Alberti "esalta l'uomo attivo e virtuoso, costruttore del proprio mondo". "Il pensiero di Leon Battista Alberti", en *Interpretazioni del Rinascimento*, vol. II. Roma, Edizioni di Storia e Letteratura, 2009, pág. 240.

Aunque sus opiniones al respecto aparecen diseminadas prácticamente por toda su obra, es en el diálogo titulado *De iciarchia* (escrito en 1468) donde, al hilo de sus reflexiones acerca de la figura del príncipe, plasma un severo juicio contra la ociosidad humana que contrasta sólo en apariencia con una línea del humanismo occidental que, desde Aristóteles, Cicerón y Séneca hasta Petrarca, parece decantarse precisamente por la vida contemplativa. Y digo en apariencia porque, de hecho, los paladines del valor del ocio no lo ponderan como un modo de escapar al mundo para consagrarse a una existencia inerte, sin ocupaciones ni intereses; por el contrario, en todos los casos se trata de un medio (no de un fin) que permite al hombre cultivar ese espíritu que, en el tráfago de las ocupaciones degradantes, se ve amenazado de muerte. Realicemos un somero repaso a lo que al respecto afirman estos autores, antes de acometer el análisis del texto albertiano.

En el libro X de la *Ética a Nicómaco,* tras afirmar que la felicidad o sumo bien del hombre "es una cierta actividad del alma de acuerdo con la virtud" (I, 9, 27),[1] y que "el hombre verdaderamente bueno y prudente soporta dignamente todas las vicisitudes de la fortuna y actúa siempre de la mejor manera posible, en cualquier circunstancia" (I, 10, 36-38), Aristóteles añade que el modo de vida más acorde con dichas exigencias es, frente a otras que dependen de factores externos que escapan a nuestro control –la política o la carrera militar–, la contemplativa:

> [Si] la actividad de la mente, que es contemplativa, parece ser superior en seriedad, y no aspira a otro fin que a sí misma y a tener su propio placer (que aumenta la actividad), entonces la autarquía, el *ocio* y la ausencia de fatiga, humanamente posibles, y todas las demás cosas que se atribuyen al hombre di-

---

[1] Traducción de Julio Pallí Bonet. Madrid, Gredos, 1985, pág. 147.

choso, parecen existir, evidentemente, en esta actividad. Ésta, entonces, será la perfecta felicidad del hombre, si ocupa todo el espacio de su vida (X, 7, 15).

Es decir, el ocio no es un fin en sí mismo, sino que está al servicio de la "actividad de la mente", que requiere para desplegarse de manera idónea unas condiciones adecuadas de "autarquía" (no dependencia de requerimientos exteriores) y de "ausencia de fatiga" (pues quien la sufre no puede reflexionar con lucidez). Como es natural, una existencia semejante no está alcance de cualquiera, y –como más tarde sostendrá Pomponazzi– ni siquiera sería deseable para una sociedad que todos sus miembros la cultivaran: alguien tiene que arar la tierra...

> Igual que cualquier miembro no puede tener la perfección del corazón y del ojo –es más, no existiría el animal–, así, si cualquier hombre fuera un teórico, no existiría la comunidad humana.[1]

El filósofo, que se abstrae de las actividades comunes para dedicarse a las excelentes, no está *ocioso:* está ocupadísimo... pensando. Dado que el hombre es un ser cuya especificidad es el estar dotado de razón, y el sumo bien se identifica con aquello que no remite a algo superior o posterior a sí mismo, el modo más eminente de vivir es consagrarse al *trabajo gustoso* de la mente.

Esta concepto permanecerá como ideal de gran parte de los humanistas, incluso de los más activos en la vida pública. Cicerón, quizás el más incisivos en este aspecto, fue el responsable de

---

[1] P. Pomponazzi, *Tratado sobre la inmortalidad del alma.* Estudio preliminar, traducción y notas de José Manuel García Valverde. Madrid, Tecnos, 2010, pág. 130.

acuñar (en *Pro Sestio*) el concepto *cum dignitate otium*. Escribe el arpinate en el libro V de las *Tusculanas*:

> ¿Qué hay en realidad más dulce que el ocio dedicado a escribir? Me refiero a escribir sobre aquellas cuestiones que nos permiten conocer la inmensidad de la naturaleza y, en el ámbito de este mundo nuestro, el cielo, la tierra y los mares.[1]

En efecto, el ocio ciceroniano es todo lo contrario que pasar el día mano sobre mano: de hecho, cuando por motivos de sobras conocidos por el lector tuvo que permanecer alejado de la vida pública, esperaba que gracias al tiempo del que disponía, y que pensaba emplear en escribir, "mis ocios domésticos igualarán a mis defensas judiciales"[2]... lo cual acabó ocurriendo, pues es el que invirtió en componer sus libros mayores. Por otro lado, en *Sobre los deberes* admite que, a diferencia de Escipión el Africano (quien afirmaba que "nunca estuvo menos ocioso que cuando estaba ocioso, ni menos solo que cuando estaba solo"), él no se siente capaz de entregarse a una cogitación muda, actividad reservada a los más grandes: locuaz hasta la extenuación, y falto de auditorio ante el que lucirse, el arpinate se entrega, a modo de sucedáneo, a la tarea de escribir: "Nosotros, que de robustez no tenemos tanto que

---

[1] *Disputaciones tusculanas*, V, 105. Traducción de Alberto Medina González. Madrid, Gredos, 2005, pp. 449-450.
[2] *El orador*, 148. Traducción de Marcelino Menéndez Pelayo, edición bilingüe en línea en Archive, pág. 55. En la traducción de Antonio Tovar y Aurelio J. Bujaldón, "se corresponderán con mis actuaciones forenses también las letras cultivadas en privado". Barcelona, Alma Mater, 1967, pág. 61. El original latino reza: "profecto forensibus nostris rebus etiam domesticae litterae responderunt". En cualquier caso, interesa detectar la identificación entre ocio y privacidad doméstica, a diferencia de nuestro tiempo, en el cual gran parte del mismo se despliega en sociedad, bajo la forma de diversiones públicas, asistiendo a eventos colectivos, etc.

seamos abstraídos a la soledad por la tácita cogitación, hacia esta obra de escribir volvemos todo afán y cuidado".[1]

Sin embargo, no siempre se mostró Cicerón igual de favorable al cultivo del ocio, el cual también podía ocasionar estragos para la república si se acabase imponiendo como norma. Así, al hablar de ciertos sabios griegos, constata que, a diferencia de Solón o de Licurgo, quienes brindaron a la ciudad normas de convivencia útiles para la comunidad,

> con la misma prudencia, pero con una idea distinta de lo que deseaban de la vida, habiendo buscado tranquilidad y tiempo libre, como Pitágoras, Demócrito, Anaxágoras, pasaron de dar leyes a las comunidades al conocimiento de la naturaleza; y este tipo de vida, por su tranquilidad y por la dulzura misma del saber, que es lo más agradable que el hombre posee, les encantó a más personas de lo que era conveniente para la cosa pública.[2]

De hecho, la misma vida contemplativa que loa para sí en ciertos lances de su propia existencia, le parece perniciosa si se adopta por mero esnobismo:

> Y así, cuando se entregaron al estudio varones de inteligencia brillantísima, por su enorme disponibilidad de tiempo libre, esos hombres tan doctos, rebosantes de *ocio en exceso* y de ubérrimos talentos, creyeron que habían de cuidarse, que debían indagar e investigar muchas más cosas de lo que era preciso. (La cursiva es mía)

---

[1] *Acerca de los deberes*, III, 2. pág. 114. Versión de Rubén Bonifaz Nuño. México D. F., UNAM. 2006, pág. 114. Acceso en línea, 21.8.23.
[2] *Sobre el orador*, III, 56. Traducción de José Javier Iso. Madrid, Gredos, 2002, pág. 398.

Vale decir: la *vita philosophica* no es una norma que deba aplicarse de manera mimética, por emulación de los grandes sabios de la antigüedad, sino que el que se consagre a ella debe hacerlo por auténtica vocación existencial. A no ser que, como hizo el propio Cicerón, puedas tomarla o dejarla en función de los avatares de la fortuna...

En cuanto a Séneca, sabido es que compuso un tratado completo dedicado al ocio. En un alambicado argumento, declara que el hombre debe ser útil a sus conciudadanos, pero que quien, por circunstancias, se retira de los asuntos públicos, al beneficiarse a sí mismo también está aportando de algún modo un bien a su comunidad:

> Esto se exige del hombre: que sea de provecho para los hombres, si puede para muchos, si puede menos para pocos, si menos para los más próximos, si menos para sí mismo. Y es que cuando se hace útil a sí mismo se hace útil también a los demás, hace un negocio común pues, del mismo modo que el que se hace peor a sí mismo no sólo se daña él sino a todos aquellos para los que, si se hubiese hecho mejor, habría podido ser de provecho, así también el que se depara el bien a sí mismo por esto mismo es útil a otros, porque se prepara para serles de provecho en el futuro.[1]

¿Y a qué dedica ese hombre "ocioso" el tiempo libre? Pues a los estudios, a la reflexión... a la filosofía:

> Preguntarnos qué es la virtud, si es una o son muchas; si es la naturaleza o es el arte el que hace buenos a los hombres; si es

---

[1] Séneca, *El ocio*. Traducción de Luis Frayle Delgado. Sevilla, Cypress, 2022, pág. 47.

uno esto que abraza los mares y las tierras y lo que está inserto entre ellos, o si dios ha dispersado muchas de estas cosas; si es continua y plena toda la materia de la que se engendran todos los seres o por el contrario están separados, o incluso mezclado el vacío con los sólidos; cuál es la sede de dios, si es espectador de su obra o la controla constantemente, o acaso la rodea desde el exterior o está inserto en el todo; si el mundo es inmortal o hay que contarlo entre las cosas caducas y que han nacido para un tiempo. El que contempla todas estas cosas, ¿qué le da a dios? Que tan grandes obras no existan sin testigo.

Esa es la clave: el filósofo es el espectador eminente de la obra de Dios, pues atiende a la constitución de los hechos pero también de los conceptos, y no se limita a la mera subsistencia vegetativa sino que necesita perentoriamente destilar los sentidos de todo aquello que (le) ocurre. Siglos más tardes Charles de Bovelles afirmará que "sólo el sabio es verdadero hombre" porque él convierte en acto lo que para el común de los mortales es mera potencia: cultivando la razón, el filósofo encarna la plena dignidad humana.[1]

Existe una línea de continuidad directa entre estos planteamientos y el que formula Francesco Petrarca en *La vida solitaria*. Para el aretino, el ocio es sinónimo de retiro, de apartamiento del mundo, para cultivar el espíritu en un entorno idóneo (en su caso, una casa en un valle recóndito, lejos del tráfago de Aviñón) y poder dedicarse, como Cicerón, a reflexionar y a escribir.

Si lo que buscamos es a Dios o a nosotros mismos y los honestos estudios con los que logramos lo uno y lo otro, o a un alma afín a nosotros, tenemos que apartarnos lo más posible del her-

---

[1] *Vid.* "Bovelles: Sólo el sabio es un auténtico hombre", en Humanistas: http://www.humanistas.eu/2022/09/charles-bovelles-solo-el-sabio-es-un.html

videro de los hombres y el hervor de las urbes. Que esto es así como digo no lo negarán quizá ni esos mismos que se recrean en la aglomeración y el fragor del gentío, a no ser que las falsas opiniones los hayan cargado hasta hundirlos, que ya ni de tarde en tarde puedan recogerse en sí mismos y encaminarse, aunque sea arrastrándose, a la excelsa senda de la verdad.[1]

Para Petrarca, letraherido consumado, el aislamiento es la condición necesaria para poder entregarse a la lectura y a la escritura: "la soledad sin letras es destierro, cárcel, potro de tormento; añádele las letras y es patria, libertad, goce". No se trata, pues, de una huida de la actividad para abandonarse a la desidia y a la pereza, sino el acceso a un ámbito adecuado en el que poder consagrarse a una vocación de índole intelectual, pero también espiritual, ya que en dichas ocupaciones uno "están pregustando las delicias de la vida eterna".

Con esta tradición a sus espaldas, la cual sin duda conocía y valoraba, Leon Battista Alberti –cuyo encomio de la *operosità* no le convierte, desde luego, en un mero "hombre de acción"– expone en *De iciarchia* un breve pero contundente alegato en contra, justamente, de la ociosidad mal entendida. Afirma sin ambages:

Dos cosas deben rehuir, pestíferas, tanto jóvenes como ancianos a lo largo de la vida (incluso combatiéndolas con todos los medios a nuestro alcance): el ocio y la voluptuosidad, fuentes de perturbación contra todo bien.[2]

---

[1] F. Petrarca, *La vida solitaria*. Traducción de Jesús Cotta. Sevilla, Cypress, 2020, pág. 31.
[2] L. B. Alberti, *Opere volgari*, vol. II. Edición de Cecil Grayson. Bari, Laterza, 1966, pp. 198-199. Las traducciones son mías.

Por un lado, "nada disipa y consume tanto los auxilios de la vida como la lascivia"; por otro, "del ocio nunca surgió nada digno o no perjudicial". Contra lo que nos advierte Alberti, claro, es contra dos pecados capitales: la lascivia y la pereza, ambas formas de la inercia que sustraen al hombre el control de sus pasiones y lo entregan a sus impulsos primarios. "Por culpa del ocio y la negligencia muchos pierden el honorabilísimo lugar que ocupan entre sus conciudadanos, así como su fortuna y dignidad".

Para Alberti, el hombre ha de vivir empleado en alguna clase de ocupación noble: "Nada contraría tanto la vida y la condición humana como el no dedicarse a un empeño honesto".

No concedió la naturaleza al hombre tanta prestancia de ingenio, intelecto y razón como para que se marchite en el ocio y la desidia. Nace el hombre para ser útil a sí mismo, y *en no menor medida*, a los demás. (La cursiva es mía)

En lo que concierne a la propia utilidad, la prioridad es esforzarse en "cultivar la virtud, reconocer las razones y el orden de las cosas, y en venerar y temer a Dios". Y en cuanto a la vida social, "si todos viviéramos ociosos, ¡qué miserable resultaría haber nacido hombres!". Prosigue: "Por culpa del ocio, nos volvemos impotentes y sumamente viles". Para poder considerarnos hombres dignos de tal nombre, es preciso comprometerse activamente en todo lo que atañe a las que Alberti denomina "las artes de la vida":

Las artes de la vida se adquieren practicándolas. Quien no se esfuerza en dominar sus secretos, no las adquirirá jamás. Por consiguiente, *quien no sepa, no podrá*, ni para sí mismo, ni para los demás. ¿Daríais vosotros, jóvenes, una pala a quien no sabe usarla? Al revés, se la quitaríais de las manos por indigno. (La cursiva es mía)

101

El que se abandona a la indolencia, no solo está faltando a ese impulso esencial de mejora que llevamos inscrito en nuestro ser desde que nacemos, sino que nos degradamos en cuanto humanos:

> Tú, ocioso, te vuelves a ti mismo *indigno de ser llamado hombre*, puesto que ¿quién te estimará digno de vida? Y en esta tu inercia experimentas mayor fatiga y mayor tedio de ti mismo que si te dedicases a cualquier utilidad. Te agobias en tu propia casa; vas por el mundo como quien sueña jugando, y consumes el día echándote a perder a ti mismo. ¡Cuánto mejor sería que te sentases entre tus compañeros de escuela para aprender virtudes, o dedicarte a algún ejercicio digno de ti y de tu familia. No se me ocurre ningún arte, por banal que pueda parecer, que un joven no pueda preferir a una inerte vida en la desidia. Además, el hábito de estar ocupado nos invita a emprender empresas mayores: sal de tu concha, enrólate en el ejército, vete a navegar, búscate un empleo que te permita vivir dondequiera con honor.

La sentencia de Alberti es demoledora: "Quien no busca su bien, no cuida de él; quien no cuida de él, no lo merece". El hombre ha de adoptar una actitud proactiva respecto a su destino, y no cruzarse de brazos sin esforzarse en hacer algo útil para sí mismo y para los demás. Es preciso "huir de esa estupidez y atolondramiento en el que nadie puede pensar con claridad". La perspectiva, en caso de perservar en la indolencia, no puede ser peor:

> Tú que ahora, apto para conquistar próspera fortuna, pero abandonado no por otros sino por ti mismo, declinas hacer aquello que sí hacen muchos de condiciones similares o mejores a las tuyas y por ello son alabados, te encontrarás viejo, abandonado, inútil para los demás y para ti mismo, rechazado

por todos, pálido, atenazado por el frío, el malestar y el hambre, con las cejas pobladas, la barba abundante, plagada de inmundicias y hedionda, con la ropa desgarrada, mohosa, en las últimas, y obligado para subsistir a comportarte como los sinvergüenzas: te sentirás desgraciado, odioso a todos y a ti mismo. No encontrarás espacio en nuestros recuerdos. Te faltará todo; incluso las lágrimas vas a echar de menos. ¡Oh, qué miseria tan miserable será la tuya!

Como un padre severo que amonesta a su hijo gandul (recordemos la importancia que concedía Alberti a la familia y a la figura paterna, hasta el punto de escribir uno de sus libros más celebrados acerca de este tema, a pesar de sufrir él mismo una gran carencia en este ámbito), el autor expone a su interlocutor un panorama aciago si persiste en su indolencia. Al igual que un predicador que trata de reconducir el comportamiento de sus feligreses, Alberti despliega una panoplia de los males futuros que aguardan a los que rehúsan emplear su vida en una ocupación que la dote de sentido pues, como es fácil deducir de sus palabras, la dignidad del hombre depende, no de lo que es, sino de lo que hace. Aunque en ningún momento apela Alberti en este pasaje a elaboradas argumentaciones filosóficas, el concepto que subyace a su alegato es fácil de entender, en su simplicidad apegada a la vida real: el hombre no ha nacido para subsistir como una planta o cualquier "ser sintiente", para los cuales basta con atenerse al día a día para sentirse completos; es preciso encontrar una ocupación en la cual resultemos útiles a los demás y a nosotros mismos, ya que en caso contrario nos mostraremos indignos de ser llamados hombres. Un mensaje que permanece tan lozano y vigente como cuando fuese escrito, en pleno siglo XV, y que se hace eco del principio evangélico que advierte que hemos venido a servir, y no a ser servidos.

IX

MARSILIO FICINO:
DE LA *PIA PHILOSOPHIA* A *LA RELIGIÓN CRISTIANA*

Si un autor del Renacimiento ha sufrido una recepción distorsionada es Marsilio Ficino (1433-1499), de quien se pondera su pro-
tagonismo en la recuperación de la obra de Platón, cuyos diálogos
tradujo por primera vez de manera completa al latín directamente
de las fuentes griegas; su papel como director de la Academia Platónica, fundada por Lorenzo de Medici; su apuesta por una *Prisca
Theologia* que reconocía el caudal espiritual común que comparten todas las religiones conocidas (algunas, semifabuladas) en su
época; o su aportación en la revalorización del hermetismo, de sus
ramificaciones esotéricas y de sus antecedentes históricos y espirituales, e incluso de la magia. Sí, de acuerdo: también como her-
meneuta del amor y como teólogo platónico…

Para formarse una idea cabal de la riqueza y complejidad
de la ingente tarea ficiniana hay que acudir, por su puesto, al eminente historiador P. O. Kristeller quien, aparte de varios estudios
parciales de indudable valor, le consagró una monumental mono-
grafía de absoluta referencia en la materia.[1] Es en esta obra donde
empezamos a vislumbrar la auténtica vocación de la indagación
ficiniana, al constatar el interés y la atención que le depara a la temática de Dios y del alma; de hecho, a ella le dedica Kristeller nada menos que toda la tercera parte del libro, con calas específicas
sobre "la experiencia interna", "el conocimiento de Dios", "la voluntad y el amor", "moral, arte y religión" y la "teoría de la in-

---

[1] *Il pensiero filosofico di Marsilio Ficino*. Florencia. Sansoni. 1953.

mortalidad", ¡nada menos! ¿Entonces? ¿Con qué Ficino debemos quedarnos? ¿Con el platónico? ¿El hermético? ¿El cristiano? Tal vez todo se aclare si recordamos que Ficino fue ordenado sacerdote católico en 1473, nombrado canónigo de la catedral de Florencia, publicó un volumen de comentarios sobre las Epístolas de San Pablo y uno de sus escritos lleva por título *La religión cristiana*, que fue publicado en latín por la imprenta florentina de Nicolaus Laurentii en diciembre de 1476. La importancia que le concedía el autor a dicha obra queda demostrada por el hecho de que él mismo se encargó de traducir el original a lengua vulgar (publicada en 1484), para mayor difusión y conocimiento fuera de los elitistas círculos en los que solía moverse. Por desgracia, ese esfuerzo no se ha visto recompensado por la atención contemporánea, ya que la única edición reciente de la versión italiana, que publicó Città Nuova en 2005, resulta casi imposible de localizar en el mercado secundario: para acceder al texto, hay que acudir a una edición ¡de 1568! que, por fortuna, puede consultarse en línea... De la edición latina, tuvimos que esperar hasta 2019 para contar con una edición crítica solvente.[1] Hace poco se publicó la traducción al inglés por parte Dan Attrell, Brett Bartlett y David Porreca, en la University of Toronto Press.

Según Eva del Soldato, en su reseña de la edición de 2019, cabe valorar *La religión cristiana* como "not a mere apologetic tool, but a mirror of his ongoing philosophical, social and religious concerns".[2] Para Amos Edelheit, en su fundamental estudio sobre la teología en la Italia del siglo XV, *La religión cristiana* puede ser considerada como "a manifesto of the new humanist theology".[3] De acuerdo con él, la elección del título se debe al

---

[1] A cargo de Guido Bertollucci. Pisa, Edizioni della Normale, 2019.
[2] Bibliotheca Dantesca. Journal of Dante Studies, vol. 2 (2019), pág. 188.
[3] A. Edelheit, *Ficino, Pico and Savonarola. The Evolution of Humanist Theology 1461-1498*. Leiden, Brill, 2008, pág. 210.

afán del autor por entroncar con la obra de San Agustín *Sobre la doctrina cristiana,* publicada en tres libros en 397, a los que se les agregó un cuarto en 425. Aunque el análisis de Edelheit me parece esclarecedor, y además útil –por cuanto inscribe su exégesis en el contexto de una auténtica renovación religiosa que por aquellos años, huelga decir, se percibía como urgente–, voy a decantarme por la minuciosa lectura que aborda Cesare Vasoli en su libro sobre filosofía y religión en el Renacimiento.[1]

De entrada, Vasoli aclara que la redacción por parte de Ficino de una obra de clara vocación apologética como *La religión cristiana* no supone una anomalía, una desviación o un excurso meramente episódico de su singladura intelectual, sino que entronca plenamente con su "programma di profondo e radicale rinnovamento della vita religiosa, sotto il segno comune di una rinata *sapientia* platonica, orfica ed ermetica" (pág. 21), eso sí, basada en la "centralità dell'*amore* e della *charitas* cristiana". Importa des-tacar aquí que la dimensión amorosa de Ficino atañe a la *totalidad* de su indagación filosófica y religiosa: no se trata de que el sacerdote católico condescienda a emplear conceptos plenamente cristianos cuando aborda temas de índole teológica, sino que dicha dimensión informa y permea íntegramente su reflexión.

Precisamente, es esa vocación profunda de compromiso personal y, sí, social con su fe la que le espolea, primero, a mandar a imprenta este libro en su versión latina (el primero del autor que verá la luz en este formato), y después, a traducirlo él mismo, tras corregirlo y enmendarlo, al vulgar, ya que "questo libro della virtù universale deve essere accessibile a molti e, senza dubbio, anche a coloro che, per non essere uomini di lettere, ignorano il latino" (pág. 22). Llama la atención este interés por divulgar

---

[1] "Ficino e il *De christiana religione*", en *Filosofia e religione nella cultura del Rinascimento.* Nápoles, Guida, 1988, pp. 19-73.

las propias ideas entre quienes no pertenecen a la clase ilustrada, y no es posible no ver en ello un compromiso activo con la evangelización en un contexto cívico, político, intelectual y espiritual como el que sacude la Florencia de la época: cuando no pocos humanistas de su época se decantan por una praxis elitista en la cual el uso del latín levanta una barrera infranqueable para quienes no pertenecen al selecto círculo de los privilegiados, el uso del toscano pone de manifiesto, de entrada, una voluntad de incidencia directa sobre la ciudadanía, sí, pero también sobre quienes se dedican a la gobernanza pública, ya que, escribe Ficino, "il governo terreno allora è optimo et felicissimo, quando col favore del re del celo si dirizza allo exemplo del regno celeste" (*apud* pág. 23).

Es decir, que el propósito de la composición y publicación de este libro no es tan sólo el de incitar a los individuos a perseverar en los valores evangélicos, en una comprensión de la religiosidad estrictamente privada, sino que aspira a que guíen la conducta de los administradores civiles, pues "la frequente lectione delle cose divina sia a' governanti delle reppubliche molto conveniente" (*ibíd.*). Vemos aquí puesta en entredicho la sólita perspectiva historiográfica que –bajo la égida de Hans Baron, Eugenio Garin y sus legiones de seguidores– reduce, o cuanto menos posterga, la importancia de la religión en el devenir de la sociedad italiana de la época, magnificando en cambio la dimensión secular y profana. No: en el siglo XV, la religión no solo no había dejado de ser decisiva en la vida de Occidente, sino que poco después iba a espolear –para bien y para mal– los dramáticos acontecimientos que desembocarían en una transformación completa del continente durante la centuria siguiente.[1]

---

[1] Cfr. Miguel Á. Granada, *Cosmología, religión y política en el Renacimiento*. Barcelona, Anthropos, 1988, y *Filosofía y religión en el Renacimiento*. Sevilla, Thémata, 2022.

¿Qué perfil tiene la religiosidad ficiniana, a la luz de *La religión cristiana*? Según Vasoli, el autor se adhiere decididamente a una "scevra d'implicazioni dogmatiche e così risolta nel tema dell'amore universale e della diretta partecipazione umana al 'divino' di cui sembra comprendere la vasta possibilità di diffusione anche nel mondo dei mercanti, dei 'tecnici' e dei 'politici' del suo tempo" (pág. 24). Es decir que, lejos de las ínfulas aristocratizantes del neoplatonismo mediceano y sus academias exclusivistas, el cristiano Ficino brinda un acceso a la espiritualidad a todo tipo de personas, de la mano del amor, y no de un amor abstracto y filosófico, sino evangélico. La vocación universal del cristianismo, que borra las barreras entre las clases y los países, se traduce en la convicción ficiana de que "la vera *religio*, unica via alla felicità, dev'essere [...] fondata sulla convergenza della *sapientia* e della *pietas*" (pág. 30), es decir, que también ha de trascender los particularismos teóricos y filosóficos para desembocar en esa *Pia Philosophia* de la cual él mismo será, junto con Pico della Mirandola, uno de los máximos exponentes.[1] Es más, como desarrolla Vasoli,

É, infatti, suo sicuro convincimento che la separazione della 'pietas' e della 'sapientia', quale si è consumata specialmente nel corso degli ultimi secoli, abbia avuto conseguenze di estrema gravità, perché la filosofia è sempre più divenuta uno strumento di empietà, maneggiato da uomini del tutto increduli (pág. 31)

---

[1] W.A. Euler, *"Pia philosophia" et "docta religio": Theologie und Religion bei Marsilio Ficino und Giovanni Pico della Mirandol*a. Paderborn, Fink Verlag, 1998. A. Paul, "*Docta religio* y *pia philosophia* en el pensamiento de Marsilio Ficino: las fuentes herméticas y la búsqueda de una concordia". Cuadernos de Filosofía, 73 (2019), pp. 19-30.

Esta impugnación de la filosofía (en la línea de un Valla) induce a plantear que el único modo de restañar la herida que ha infligido al mundo la separación entre ciencia y fe, piedad y sabiduría, pasa para Ficino por "la riunificazione della religione con la sapienza", o en otras palabras: "la rinascita di una 'religio' filosofica e sapienzale che ristabilisca l'antica identità" (pág. 32) entre ambas facetas de una única experiencia humana: la de la participación del hombre en lo divino. Esta restitución no se producirá ya de la mano de un sincretismo ecuménico, como sí parecía posible tiempo atrás (de la mano de una hipotética *Prisca Theologia* común a todas culturas, tendiendo la mano a las distintas tradiciones religiosas y espirituales), sino del cristianismo.

De hecho, que Ficino fuese ordenado sacerdote católico no es un hecho casual ni obedece (como tal vez sí en el caso de Petrarca, quien sólo tomó hábitos menores) a urgencias de tipo práctico. Implica un paso decisivo en su trayectoria personal e intelectual, tras un largo periplo durante el cual ha indagado en las fuentes de la espiritualidad humana; de hecho, Vasoli afirma que con dicho paso Ficino "si proponga implicitamente come il maestro di quei nuovi ceti di artisti, tecnici, mercanti e uomini politici, dal tutto estranei alla teologia magisteriale, ma ormai desiderosi di dibattere anch'essi i massimi temi della *christiana veritas* (pág. 33)". Es decir, que la misión que se plantea Ficino es, principalmente aunque no de modo exclusivo, de carácter pastoral.

Pero entremos en detalles. Empieza *La religión cristiana* proponiendo un tema muy querido por el autor: la constatación de que el religioso es el instinto humano más primario:

Il culto religioso è, per l'uomo, così naturale e costitutivo, così connesso al suo luogo e significato nell'ordine del mondo, che si può addirittura paragonarlo a certi comportamenti necessari degli altri essere animati, come il nitrito per il cavallo e il latrato per il cane.

Esta idea, por supuesto, no es novedosa, sino que remite, cuanto menos, a Cicerón, quien en *Sobre la naturaleza de los dioses* ya se preguntaba, de forma retórica: "¿Acaso hay algún pueblo, alguna raza humana que no tenga –sin previo adoctrinamiento– una especie de intuición de los dioses?",[1] para contestarse poco más adelante: "los dioses existen, puesto que tenemos de ellos un conocimiento interior o, mejor aún, innato". Pero Ficino va un poco más allá: si algo define al ser humano es, precisamente, "la sua capacità di congiungersi con il divino", de manera que, sin esa conexión, esa alianza, el hombre sería (es) "l'essere più imperfetto della natura". También Cicerón postula que, privada de la dimensión religiosa, corre riesgo la propia comunidad humana: "No sé si, al suprimirse la piedad hacia los dioses, no se elimina también la lealtad, la cohesión entre el género humano". Si traigo a colación esta coincidencia no es por otro motivo que para ensalzar que, en lo esencial, paganos y cristianos comparten una misma comprensión de que aquello que nos hace naturalmente humanos es nuestra común dependencia de una dimensión sobrenatural o trascendente, tesis que es la que sostiene la *Pia Philosophia.*

La admisión del carácter *natural* del instinto religioso, en cualquiera de sus formas y más allá de "ogni culto o rito particolare" (pág. 36) se da la mano, en Ficino, con la religión cristiana, a la cual atribuye una lógica superioridad y que se plasma en su esfuerzo por conciliarla "non solo con i principi della sua dottrina platonica, ma anche con il tema della 'prisca theologia' e di un' unica 'sapientia' che accoglie tutte le massime esperienze della religiosità e della speculazione umana" (pág. 37). De hecho, si decide coger la pluma para componer esta obra es para demostrar que dicha síntesis es posible.

---

[1] Cicerón, *Sobre la naturaleza de los dioses*, 43, 16. Traducción de Ángel Escobar. Barcelona, RBA, 2003, pp. 94-95.

En *La religión cristiana* advierte Vasoli que Ficino aspira a teorizar, en una época sacudida por agotadores debates doctrinales, un cristianismo originario, puro y esencial, centrado en la idea de la mediación universal de Cristo como salvador del mundo y en la íntima participación de todos los hombres en la suprema experiencia de la deificación; una religión, en fin, que afirma en su plenitud la revelación evangélica, sin dejar de subrayar ni su dimensión espiritualista ni su convergencia esotérica con todas las demás manifestaciones de la eterna Sabiduría, exaltando el carácter de unión amorosa con la Mónada eterna mediante el anuncio del "prossimo avvento di un' assoluta palingenesi e del retorno al tempo 'perfetto' delle origini" (pág. 38).

Prosigue Vasoli explicando que, para Ficino, el cristianismo es, en primer lugar, una religión cuya veracidad viene avalada por la profecía y el milagro, eventos sobrenaturales que constituyen el signo de una intervención divina directa y de su manifestación en el orden de los acontecimientos y en la mente humana. Se trata de una fe fundada en el testimonio de las Sagradas Escrituras, que son Palabra de Dios, en la unidad inseparable de los dos "testamentos", así como en la verdad de los primeros seguidores de Cristo, los cuales los transmitieron en su pureza a los Padres de la Iglesia, y entre ellos, a Orígenes de Alejandría, uno de los preferidos por Ficino. En cualquier caso, el cristianismo ficiniano consiste en una fe esencializada cuyos únicos dogmas teológicos explícitamente asumidos son el de la Trinidad y el de la Encarnación, "sempre considerati, però, al di fuori del linguaggio dottrinale specifico" (pág. 39); y es que el autor aborda en esta obra, como se dijo anteriormente, una misión pastoral alejada del prurito teológico que acaba por asfixiar toda experiencia específicamente religiosa, anegándola en una marea de conceptos y categorías abstractas. En esto, Ficino vuelve a coincidir con Valla.

Dentro de esta comprensión del cristianismo personal, pero rigurosamente ortodoxa, las fuentes que Ficino cita con mayor frecuencia son las epístolas paulinas, el Evangelio según San Juan y el Apocalipsis, con una especial predilección por los textos que subrayan la humanidad de Cristo y su naturaleza milagrosa, o bien que ilustran las virtudes originarias de sus seguidores: la pureza, la caridad, la fe indoblegable de los orígenes y la fuerza de una *pietas* que sobrevive a toda persecución y todo sufrimiento. Es en el testimonio de los apóstoles, que optaron por una vía de sacrificio personal, donde encuentra Ficino un ejemplo inspirador, por brindarnos un modelo de conducta que pone el propio beneficio al servicio de la gloria de Cristo. Y es que el cristianismo es, para Ficino, una religión que "elimina e distrugge i vizi umani e persuade alla virtù con il solo esercizio dell'umiltà, del pacifico convincimento e della sua vocazione miracolosa" (pág. 43). Si hay que ponerle un 'pero' a esta, por lo demás, espléndida vindicación de la religión cristiana, es el de su escasa apelación al amor por el prójimo en forma de obras concretas, de sacrificios personales precisos –y no de simples apelaciones genéricas– en los cuales se traduzca esta fe robusta y firme; no se olvide que Ficino –incluso ordenado sacerdote– no deja de ser, si no un filósofo clásico, sí un pensador, es decir: un contemplativo. Pero a Dios cada cual le llama a servir a su prójimo de una manera concreta: a uno, haciendo zapatos o amasando pan; a otro... escribiendo.

En cualquier caso, la cimentación moral del discurso ficiniano en esta obra se demuestra en su convicción de que "l'ascesa a Dio si compie salendo la difficile 'scala' della virtù che libera l'anima, vero miracolo della creazione, perchè è capace di esercitare il suo dominio sul corpo e di risalire dalle cose mondane alla suprema fonte dell'Essere" (pág. 45). Los ecos platónicos –con su énfasis en el itinerario vertical de progresiva depuración que desemboca en la entrega a la unidad primordial–, así como aristotélicas y estoicas –y el suyo en el ejercicio de la *virtud* como método para la metamorfosis espiritual del hombre–, me parecen claras, y se refuerzan con la constatación, por parte de Vasoli, de que es en la figura del hombre, "orizzonte in cui la natura e la divinità s'incontrano", donde el mundo empieza a dejar atrás su multiplicidad para reencontrar la unidad perdida. De hecho, en *La religión cristiana* el autor cita el pasaje del *Timeo* (41d-42b) en el cual se habla del retorno de las almas a los astros de los cuales descienden tras cumplir una vida honesta,[1] en una síntesis que, a nuestros ojos, puede resultar chocante, pero que no es incongruente en un autor que postula la esencial concurrencia de la sabiduría pagana y la religión cristiana: ¡si incluso llega a ubicar la vida ultraterrena en los Campos Elíseos, circundados por la laguna Estigia!

Uno de los aspectos esenciales en la visión ficiniana de la religión es que, a diferencia de otros planteamientos, quizás más ligados a la práctica monástica y a la religiosidad popular, los cuales inciden en la mortificación, la humildad e incluso la impugnación de la grandeza del hombre, se apuesta decididamente por su capacidad para alcanzar la cima del ser, es decir: identificarse con Dios. Vasoli habla incluso de una *deificatio hominis* para aludir a esa *vocación de metamorfosis* que anida en su corazón, de modo que "Dio diventò uomo, proprio perché l'uomo, in certo modo e talvolta, potesse diventare Dio" (pág. 53). Se plantea así una bella analogía según la cual Adán, que personifica a la humanidad caída, ha inducido la Encarnación para que Dios rescate a su hijo pródigo, expulsado del Edén por su propia impericia. El modo en que el hombre puede recobrar su esencia divina es, pues, amar a Cristo:

---

[1] "Y el que hubiera vivido bien, al llegar el tiempo conveniente, iría de nuevo a la morada del astro al que estaba ligado y tendría allí una vida feliz y semejante a la de dicho astro". Pla-tón, *Obras completas*. Trad. de P. Samaranch. Madrid, Aguilar, 2ª ed., 1969, pág. 1142.

Si può quindi cessare di disperare della nostra divinità; si debe *avere in reverenza noi stessi como divina immagine di Dio* e sperare di risalire in Chi che è già disceso in noi, amandolo con ogni ardore, per transformarsi in Lui, como già Egli si è trasformato nell'uomo (pág. 58). La cursiva es mía

Sin embargo, la dimensión crística, incluso cristocéntrica (¿y cómo no va a ser cristocéntrico un cristiano?) de la propuesta ficiniana va más allá, o quizás más acá, de su dimensión teológica y antropológica: Cristo no sólo es visto como el gran restaurador del desgarro cósmico ocasionado por la caída del hombre, sino que "fu anche il maestro che, con la dottrina e con l'esempio, con la sua vita di uomo capace di sopportare ogni sofferenza ed ogni fatica per il servizio divino, seppe indurci alla vera fede e a conoscere il propio fine e destino" (pág. 59). De este modo, el hijo de Dios se ofrece como modelo vivo digno de ser imitado, proponiéndose a modo de brújula infalible hacia el retorno a Dios. ¿Cómo no recordar, en este punto, la estela abierta por Thomas de Kempis en su celebérrimo tratado *Imitación de Cristo,* compuesto en el primer tercio del siglo XV, y que tanto impacto tuvo a partir de su publicación en 1473, ya no sólo en su época, sino en toda la Cristiandad a lo largo de los siglos? Aunque centrado en la vida cotidiana del creyente y desprovisto de la dimensión analítica y reflexiva del libro de Ficino, nuestro autor defiende la virtualidad salvífica de la emulación crística, propugnando una imagen dual de Jesús, hombre y Dios al mismo tiempo, evitando la tentación de privilegiar una de sus dos caras, lo cual desvirtuaría su figura.

Así, Marsilio Ficino –neoplatónico (en mi opinión) tan sólo de modo propedéutico para poder concluir que la auténtica *Pia Philosophia* es el cristianismo–, traza uno de los itinerarios más llamativos en la historia del pensamiento renacentista, desde cierto eclecticismo ecuménico hasta el retorno a la ortodoxia evangé-

115

lica, explicando que el siglo que le sigue no sea, como a algunos avispados intérpretes de la Modernidad quizás les habría gustado, el del cisma de la religión y la sociedad (según una visión ramplona y falaz de nuestro pasado), antes bien al contrario: la constatación de que el humanismo no sólo no se contradice, sino que requiere el horizonte espiritual para cobrar todo su sentido.

En el contexto de la tradición de la *dignitas hominis*, la trayectoria de Marsilio Ficino (traductor al latín de los diálogos de Platón y del *Corpus Hermeticum*, aunque en aquel momento fuera incapaz de datarlo correctamente y lo atribuyera a un autor en verdad inexistente) constituye uno de los ejemplos más emblemáticos del humanismo renacentista en el esfuerzo por aunar los elementos más nobles del legado pagano con una interpretación personal, honesta y comprometida, del Evangelio en cuanto fuente de conocimiento verdadero del alma del hombre, de su vocación más íntima y de su excelencia más preclara. Frente a posturas maximalistas de uno u otro signo, la propuesta de Ficino se nos antoja sincera, ecuánime, participativa; rehuyendo el elitismo que había venido presidiendo su labor intelectual hasta la fecha, da un salto cualitativo al dirigirse al *hombre*, con independencia de su extracción social y de su formación intelectual (lo cual lo avala el que tradujera él mismo la obra al vulgar y, además, la diese a imprenta). Tampoco se percibe en *La religión cristiana* el pálpito místico que sí comparece en la *Teología platónica*, o al menos lo hace en unos términos menos enfáticos y alambicados. El cristianismo ficiniano no es teológico, ni fruto de un compromiso con su cultura o con su época: mana directamente del corazón y permite aunar en un mismo hálito una sólida formación cultural y filosófica con una aspiración espiritual común a todos los seres humanos, con independencia de su origen, raza, clase social, orientación sexual o cualquiera otra particularidad que pueda sustraerle de su pertenencia a un único sujeto histórico: la humanidad.

X

MARSILIO FICINO:
DE LA MISERIA DEL HOMBRE AL AMOR DE DIOS

Por un cúmulo de circunstancias que no es este el lugar de elucidar, la figura de los grandes humanistas del Renacimiento nos ha llegado intensamente sesgada por una perspectiva estrecha, más preocupada por encontrar –o, llegado el caso, inventarse– antecedentes ilustres en el pasado (ella, que se jacta de haberlo dejado atrás para inaugurar un tiempo siempre más preclaro) que por prestar atención a sus propuestas concretas. A este atropello, especialmente acusado en el caso de autores como Francesco Petrarca –consagrado como heraldo del subjetivismo moderno– o Giovanni Pico della Mirandola –a quienes toda una pléyade de filósofos, desde Ernst Cassirer hasta Luc Ferry, han querido erigir en abuelo paterno de la autonomía moral kantiana– no ha escapado Marsilio Ficino, del cual se ponderan sus contribuciones a la revitalización del neoplatonismo y del hermetismo, a la reflexión en torno al genio artístico e incluso a la habilitación teórica de la magia, dejando a un lado su aportación a la teología cristiana o, lo que es más pasmoso, a la historia del humanismo clásico, tal como él mismo lo acoge y transmite. No se trata, cierto es, de páginas novedosas, ni lo pretenden (¿qué humanista digno de tal nombre aspiraría a algo semejante?); antes bien, sintetizan de manera clara y pedagógica, a modo de recapitulación, los puntos principales del bagaje conceptual del humanismo occidental, algo de lo cual no todos sus coetáneos pueden presumir. A continuación vamos a abordar, con eventuales comentarios, esta exposición ficiniana con la intención de enfatizar la pertenencia del autor a la corriente principal del humanismo clásico, y liberándolo así de su

117

adscripción torticera a otras vertientes secundarias que poco tienen que ver con su auténtico pensamiento. Para ello, recurriremos a las páginas de su epistolario, el cual posee una importancia considerable tanto en lo concerniente a su extensión cuanto a la que le confirió el autor en el contexto de sus reflexiones, hasta el punto de que, incrustado en él, es posible descubrir pequeños tratados en los cuales sintetiza lo más granado de su pensamiento.[1] Utilizaremos la edición traducida al castellano aunque actualmente descatalogada,[2] centrándonos en las epístolas donde se pone el énfasis en la dupla entre *miseria* y *dignidad* del hombre, así como en importantes temas con ella asociados, como son la felicidad, la religión y la sabiduría.

En el océano del corpus epistolográfico de Ficino (cuya amplitud no está reñida con la persistencia de ciertos temas recurrentes, lo cual acentúa la importancia que atesora para el conocimiento de sus obsesiones), son varias las cartas en las que el autor retoma nociones propias del humanismo clásico, entendiendo por tal el que arranca con Platón y Aristóteles, y que, de la mano de Cicerón y Séneca, por un lado, y San Pablo y San Agustín, por otro, se configura en la versión canónica del mismo.[3] No se trata de alusiones circunstanciales, sino de reflexiones de calado escritas con plena consciencia de la gravedad del asunto. Hilando las

---

[1] "Si può considerare, pertanto, l'Epistolario come una raccolta di brevi trattati". R. Melisi, *Divinizzazione dell'umano e pathos conoscitivo nelle lettere di Ficino*. Milán/Udine, Mimesis, 2020, pág. 85. Del mismo autor, vid. *Miseria e dignità dell'uomo nel pensiero di Marsilio Ficino*. Roma, Città Nuova, 2021.
[2] M. Ficino, *Cartas*. Palma de Mallorca, José J. de Olañeta Editor, 2009. Según consta en los créditos editoriales, la traducción se realizó a partir de la edición inglesa y corrió a cargo de "miembros de la Escuela de Filosofía Práctica de Madrid" (¿?). Citamos por la edición electrónica del libro impreso original, y según su paginación propia.
[3] Vid. J. García Gibert, *Sobre el viejo humanismo. Exposición y defensa de una tradición*. Sevilla, Cypress, 2024.

cuentas de dichas cartas, y sin forzar en ningún momento la literalidad de los textos, se puede demostrar la tesis de que Ficino es un humanista a carta cabal, ortodoxo. Para empezar, porque defiende la existencia de la propia *humanidad,* es decir, de una entidad en la cual se subsumen todos y cada uno de las personas singulares: "Los hombres individuales, creados a partir de una idea con la misma imagen, son un único hombre".[1] Al lector del siglo XXI, acostumbrado a ciertas letanías biensonantes, puede parecerle una obviedad, pero el concepto de "humanidad" como un ente homogéneo, más allá de diferencias de cualquier índole (de sexo, de nacionalidad, de condición social o cualesquiera otras) sólo cobró cuerpo y sentido en el seno del humanismo occidental y su énfasis en lo que nos hermana y no en lo que nos diferencia. No es casual, tampoco, que Ficino se muestre receloso respecto a quienes se autoexcluyen de la gran familia humana para despreciarla; es más, llega incluso a dudar de su propia condición de hombres, ya que quien se reconoce como tal no puede dejar de ver en el otro a un semejante:

La mayoría de aquellos que no participan, plenamente, de la naturaleza del Hombre, debido a su corta edad, lacras mentales, enfermedad física o una desfavorable posición de las estrellas, odian o ignoran a la raza humana, como si fuera algo ajeno y desconectado de ellos. Nerón no era un hombre, diría yo, sino un monstruo en la piel de un hombre. Porque si hubiera sido un hombre, habría amado a todos los demás hombres como miembros de un mismo cuerpo.

El hecho de ser humano, pues, pasa por la asunción de la conciencia de pertenecer a una categoría compartida por otros indivi-

---

[1] "Acerca de la humanidad". *Ed. cit.,* pág. 70.

duos, en cuanto "creados a partir de una idea con la misma imagen" (concepto nuclear del humanismo cristiano) y con los cuales nos unen vínculos de servicio, interés mutuo, trato respetuoso y, esto me parece esencial, amor ("si hubiera sido hombre, habría amado a todos los demás hombres"):

> Los hombres más humanos perseveran en el servicio de la humanidad. Nada es más querido a Dios que el amor. No hay signo más seguro de locura o de futura desgracia que la crueldad.

Y como a un ser humano no le pueden dejar de preocupar sus hermanos, es lícito que les observe, les estudie, les juzgue incluso, pero no al modo de los magistrados civiles, para condenarles, sino con sincero ánimo admonitorio, invitándoles a la enmienda ante la evidencia de que son muchos los errores que cometen y escasos los ánimos de dejar de hacerlo.

Y es que Ficino, haciéndose eco de la clásica reflexión acerca de la miseria del hombre, no puede dejar de constatarla y de deplorarla. Tal es su grado de implicación en la corrección de sus semejantes, que veinticuatro de sus cartas fueron traducidas al toscano en 1478 por Luigi Guicciardini, bajo el título común de *Della stultitia e miseria degli Huomini*.[1] Este manuscrito, depositado actualmente en la Biblioteca Riccardiana de Florencia con la signatura 2684, no fue obra de un particular, sino de Lucca Fabiani, el amanuense de confianza de Ficino desde 1476, lo cual nos hace sospechar que el manuscrito fue confeccionado a instancias del autor. No olvidemos que, como vimos en el capítulo anterior,

---

[1] La obra también es conocida con el nombre de *Sermoni morali*. Hay edición crítica de R. Greco, Medioevo e rinascimento, vol. 17, núm. 14 (2003), pp. 173-206. Vid. M. Davie, "I *Sermoni morali* di Marsilio Ficino", Letteratura italiana antica, VI, 2005, pp. 1-20.

Ficino tradujo al vulgar para la imprenta su propia obra, *Sobre la religión cristiana*; esto demuestra que, lejos de la imagen aristocratizante que tenemos de él, en su calidad de miembro eminente de la Academia Platónica de Florencia, nunca descuidó su vocación pastoral, como (no lo olvidemos) sacerdote católico que era.

Tres son las cartas que el autor le dedica, de manera monográfica, a la *miseria hominis*, lo cual pone de manifiesto que se sentía especialmente concernido por él. Son las 57, 58 y 59,[1] intituladas todas ellas "Stultitia et miseria hominum" (La insensatez y desgracia de los hombres, según los anónimos traductores españoles) y dirigidas, respectivamente, a Riccardo Angioleri de Anghiari, Oliviero Arduini y Antonio Serafico, a los que califica de "compañeros filosóficos"; a Piero Vanni, Cherubino Quarquagli y Domenico Galletti; y a Cristoforo Landino, "sin par en el saber y en la virtud".[2] Vamos a glosar la exposición ficiniana para poner de manifiesto su pleno acuerdo con las tesis de *la miseria hominis* en el decurso de la historia del humanismo occidental. Se pregunta Ficino:

> ¿Qué hizo reír a Demócrito? ¿Qué hizo llorar a Heráclito? Entiendo que el primero se reía de la insensatez de los hombres, y el segundo lloraba por su desgracia. La insensatez resulta ridícula, la desgracia, lamentable ¿Qué es la insensatez, sino una corrupción del juicio? ¿Qué es la desgracia, sino el tormento del deseo que surge de un juicio corrupto?

---

[1] En la edición de las *Divine lettere del gran Marsilio Ficino, tradotte in lingua thoscana per M. Felice Figluccii senese*, impresa en Venecia en 1549 por Gabriel Giolito di Ferrarii, figuran numeradas como 48, 49 y 50. Aunque no consta fecha en ninguna de las tres, la inmediatamente anterior, la número 47, aparece datada el 8 de abril de 1474.

[2] *Ed. cit,* pp. 107-116.

El tono de la primera misiva adopta los tintes sombríos característicos del subgénero miserabilista: el humano es un ser que, estudiado con frialdad, provoca rechazado dada su propensión a incurrir en todo tipo de pecados. Como una letanía, los desglosa un Ficino en clave de moralista predicador:

> Tienen en gran estima aquello de lo que carecen y es nuevo, y menosprecian lo que poseen y es familiar. A causa de su incesante anhelo por lo que está por venir, no disfrutan de lo que está presente. Aunque el movimiento tiene que cesar para que haya reposo, tales hombres están siempre iniciando nuevos y diferentes movimientos, con el fin de lograr, algún día, el reposo. Acumulan riqueza, como si no fueran a morir jamás. Abusan de los placeres, como si fueran a morir cada día. No daremos más ejemplos por el momento, aunque se nos ocurren un sinfín de ellos.

La segunda tiene un comienzo sumamente similar en la inspiración, aunque diverso en su concreción textual:

> La mayoría de la humanidad es un animal monstruoso, loco y desgraciado. Los hombres mortales niegan a Dios, todos los días, para que les otorgue cosas buenas, pero nunca ruegan que se les conceda hacer buen uso de ellas. Desean fortuna para atender sus deseos, pero no se ocupan de que sus deseos sirvan a la razón. Desearían que, desde los muebles de sus hogares hasta el último de sus objetos, sean tan hermosos como sea posible, pero apenas nunca se ocupan de que su alma sea más hermosa. Diligentemente, buscan remedios para las enfermedades del cuerpo, pero no atienden las enfermedades del alma. Creen que pueden estar en paz con los demás, pero están continuamente en guerra consigo mismos. Porque hay una cons-

tante batalla entre el cuerpo y el alma, entre los sentidos y la razón. Creen que pueden encontrar, entre los demás, un amigo fiel, pero nadie es fiel a sí mismo. Lo que han alabado, lo rechazan; lo que han deseado, no lo quieren, y viceversa. Diseñan con la mayor precisión las partes de un edificio y afinan las cuerdas de la lira a la perfección, pero nunca intentan armonizar las partes y movimientos del alma. Esculpen la piedra de modo que se asemejan a hombres vivos, y convierten a hombres que están vivos en piedras; desprecian a los sabios, pero honran sus estatuas y sus nombres. Pretenden saber acerca de los asuntos de los demás, aunque no saben de los propios.

Enfática y retóricamente le pregunta Ficino a Landino:

¿Por qué nos esforzamos en ser maestros de los demás, cuando no somos maestros de nosotros mismos? ¿Por qué, en nuestro celo por la maestría, caemos diariamente en la esclavitud? ¿Por qué nos esforzamos en recibir honores, en lugar de ser merecedores de ellos? Por otra parte, viendo que los animales no pueden, sin la protección humana, ser debidamente controlados por un animal ¿qué nos hace pensar que los hombres pueden ser felizmente regidos por otro hombre, sin el auxilio y consejo de Dios? Y ¿cómo en medio de tan espléndida abundancia somos tan quejumbrosos y con tantas necesidades? ¿Qué es lo que nos lleva a envidiar a tanta gente, cuando la condición de los mortales antes merece la piedad que la envidia? ¿Por qué pasamos por alto, tan fácilmente, la bondad, pero nunca el mal? Y, puesto que las cualidades son anuladas por sus opuestos ¿por qué pretendemos curar los males con males? ¿Por qué, con frecuencia esperamos alcanzar el honor a través de la infamia? Admiramos la virtud en otro, pero nos esforzamos más en parecer dignos de admiración que en ser dignos de ella. Nos incomodan las faltas ajenas, pero apenas consideramos cómo podríamos evitar incomodar a los demás y a nosotros mismos. Cerramos nuestros oídos a la verdad, pero están abiertos de par en par a la falsedad. Y ¿qué decir de aquellos que, cautivados por su amor a otra persona o a algún objeto, desprecian y abandonan a su propio ser para perseguir alguna otra cosa? ¡Oh, locos! ¡Miserables! Si, en modo alguno, no podéis adquirir nada si no es mediante vuestro propio ser ¿cómo podríais adquirir posesiones externas si habéis perdido las posesiones interiores? ¡Viajeros! ¿Por qué buscáis el tesoro en lugares lejanos, cuando, en verdad, está tan próximo, en vosotros mismos?

El hombre, visto así, es una criatura patética, execrable, digna de oprobio porque padece los lógicos efectos de haber invertido la correcta jerarquía de los valores:

¡Qué estado tan lamentable! Buscamos lo grandioso en lo nimio, lo elevado en lo rastrero, el bien en el mal, el sosiego en lo efímero, paz en la oposición, abundancia en la penuria; en resumen, vida en la muerte.

Es el "mundo al revés" que denunciará, pasado el tiempo, nuestro Baltasar Gracián. ¿Y cuál es el origen de esta inversión fatal, causa de todos nuestros males? En opinión de Ficino (y, vale decir, de todo el humanismo clásico), una sola: el poner en primer término la dimensión material del hombre, el cuerpo y sus afecciones aledañas, desdeñando el alma y sus requisitos insobornables. El fruto de esta conducta sólo puede ser el fracaso existencial:

Insensatamente, sobrealimentamos el cuerpo y descuidamos el alma; el cuerpo engorda y se robustece, y el alma adelgaza y se debilita. Así sucede que el alma, en su depauperado y débil estado, ve las cosas físicas como si fueran grandes y fuertes. El alma desea, intensamente, todo lo que parece grande, pero teme aún con más intensidad, lo que parece fuerte. Por esta razón, en su desgracia, está acosada, en parte por la pasión de la codicia, en parte por el miedo a la muerte.

El diagnóstico funesto de Ficino a la vista de las penurias del hombre, por así decir, bestializado, *deshumanizado*, resuena contundente, franco y diáfano:

Viendo que practicamos las virtudes falsamente y fielmente los vicios, me parece que no ha de extrañarnos que, con la mejor de nuestras habilidades, acabemos siendo falsamente felices y verdaderamente desgraciados.

Ahora bien, por mucho que Ficino no puede dejar de constatar la postración en la que se encuentran sus congéneres, no puede darles la espalda y contentarse con señalarles con el dedo desde su torre de marfil, como un vulgar cínico. Un humanista jamás se desentiende del prójimo, pues sería tanto como hacerlo de sí mismo. La misantropía es el signo de la bestia. Por ello debe arrostrar la tarea de alertar al hermano que sufre y proponerle un remedio. Ficino no deja lugar a dudas: frente al estado caído en el que se encuentra, la solución consiste en sobreponerse (*trascenderse*) y apuntar a lo alto, a lo más alto: a Dios.

¡Oh, qué miserable criatura es el hombre! A menos que en algún momento se eleve por encima del hombre, quiero decir, que se dedique a Dios y ame a Dios por Él mismo, y a todo lo demás por Su causa. Esa es la única respuesta a todos estos problemas y el fin de todo mal.

Ficino no se anda con medias tintas ni postula medios alternativos para que cada cual se componga su propio botiquín de primeros auxilios. A un mal generalizado sólo se le puede combatir con una terapia universal: cultivar el espíritu y la razón, desdeñando las pasiones corporales y lo que indefectiblemente acarrean (confusión, molicie, decadencia) y aspirando a la excelencia propia de un ser creado a imagen y semejanza de Dios:

> Alimentémonos y acrecentemos el espíritu, os lo ruego, con alimento espiritual, de modo que, con el tiempo, se haga más poderoso y tenga escaso aprecio por las cosas físicas, al considerarlas de escaso valor. Entonces, ninguna de las partes del espíritu se moverá de su asiento ante los asaltos de la carne. [...] Escalemos hasta la alta torre vigía de la mente, dejando atrás el polvo del cuerpo; entonces contemplaremos más de cerca lo divino y veremos lo mortal a distancia. Lo primero nos parecerá mayor que lo que es habitual, lo segundo, más pequeño. Así pues, apreciando lo divino y despreciando lo mortal, nunca más seremos insensatos o desgraciados, sino, en verdad, sabios y felices.

La alternativa es permanecer en la errancia, sin brújula, al albur de los acontecimientos y de los estímulos banales de una existencia degradada. Y es que la condición *sine qua non* para empuñar la propia vida y salir del atolladero al que nos condenan los vicios es ejercer el discernimiento moral: "Persuádete de lo que es correcto, regula los movimientos de la mente, mide tu energía y tus acciones". Nada de dejarse llevar, ser uno mismo o confiarse pasivamente a los dictámenes de unos hados demasiado fantasmales como para no confundirlos con la mera fortuna: el hombre digno de ese nombre se debe hacer acreedor del favor de Dios (de la plenitud, o como la llama el autor, de la felicidad) conjurando los cantos de sirena de lo ocasional y efímero, guiándose por la estrella fija de la verdad:

> ¿Por qué los hombres alardean de su razón y, sin embargo, viven a merced del azar? Desean o temen cierto número de cosas, sin saber, realmente, si tales cosas deberían ser deseadas o temidas, y anteponen lo momentáneo y trivial a lo eterno e inconmensurable ¿Por respetan a hombre alguno, ni se atienen a la dirección de los sabios y, sin embargo, se entregan gustosamente al servicio de la brutalidad y la maldad?

En la carta titulada 79, titulada "En qué consiste vivir bien"[1] y dirigida a Girolamo Pasqualini, Ficino abandona por un momento el tono propio del sacerdote para atenerse a un léxico de aires clásicos. Sin dejar de incidir en los grandes conceptos que forman parte del humanismo cristiano, se decanta aquí por una retórica más austera, menos dramática. De hecho, es una misiva breve, de apenas unas líneas:

> Preguntas qué significa vivir bien. No hay nada cuya búsqueda sea más provechosa. Así pues, vivir bien es comprender lo que es verdad, recabar buenos consejos, desear lo que es bueno y realizar buenas acciones. Lo primero es una cualidad de la sabiduría; lo segundo, de la prudencia; lo tercero, de la justicia, y lo cuarto, de la perseverancia. Lo primero proviene de Dios; lo segundo, de lo primero; lo tercero, de Dios y del hombre al mismo tiempo y, lo cuarto, del tercero. Viven como es propio

---

[1] *Ed. cit.,* pág. 125.

de los hombres los que viven así. Viven como animales los que viven de otro modo.

La idea de que el hombre que no está a la altura de su dignidad decae en bestia no es nueva, claro; de hecho, acompaña al humanismo occidental desde sus orígenes.[1] Sin embargo, Ficino se muestra especialmente enfático en este aspecto cuando, a requerimiento de Benedetto Colucci, escribe la carta "Un hombre sin religión es más infeliz que las bestias".[2] Y es que, para el autor, ser auténticamente hombre exige creer en Dios, amarle, venerarle:

> Creo que la raza humana sería menos feliz que cualquier bestia si estuviera privada de la adoración a Dios. Dejo aparte su apego e incesante obsesión por el impotente, débil y siempre afligido cuerpo. Pero si la esperanza de lo divino desaparece, el proceso de razonamiento, la actividad misma que parece hacernos superiores a las bestias, nos hace indudablemente más desgraciados que ellas, a causa del remordimiento por el pasado, temor por el futuro, ansiedad por el presente, conocimiento de los males e insaciable deseo de innumerables posesiones.

Ficino, que admite que "tan sólo vivo, cuando escribo, hablo y pienso acerca de lo divino", estima la religión como lo propio del hombre, aquello que le convierte en un ser único, excepcional en el contexto del orbe. Gracias a la religión, puede sobreponerse, ya no sólo a su animalidad, sino al abatimiento que conlleva el no erguirse hasta su excelencia congénita, fruto de haber sido creado a imagen y semejanza de Dios. Un hombre que no cree ya no es un

---

[1] Vid. J. L. Trullo (ed.), *Antropocentrismo. Razones humanistas frente al animalismo del siglo XXI*. Sevilla, Cypress, 2024.
[2] *Ed. cit.*, pp. 131-132.

animal, que al menos aún goza de la tranquilidad que le confiere el estar desprovisto de razón, pero tampoco es todavía plenamente hombre, pues no ha asumido la tarea que consiste en asumir la vocación para la que ha nacido. El hombre irreligioso nada entre dos aguas, sin la paz bovina de la bestia (que al menos no sabe que no sabe para qué fue creado) pero tampoco sin la dicha que emana de haberlo descubierto y llevado a término. Una situación auténticamente trágica:

> Libres de cuidado están las bestias, que no comprenden absolutamente nada, como si estuvieran en la oscuridad. Llenos de ansiedad e infelices se encuentran los hombres que, entre ambos, andan a tientas, tropiezan y se empujan en una nebulosa. Tan sólo la divina luz puede otorgarnos la verdad y la felicidad, mediante los frutos de la devoción y el don de la gracia.

La insistencia de Ficino en la *felicidad* no deja de llamarnos la atención. Se trata de una palabra muy desprestigiada en los tiempos que corren, pues percibimos en ella execrables resonancias pequeñoburguesas, como sinónimo de un mero bienestar material. Sin embargo, es un concepto de nobles raíces: Aristóteles afirmaba, en la *Ética a Nicómaco,* que "la felicidad es algo perfecto y suficiente, ya que es el fin de los actos" (1097b); es más:

> La felicidad se ha de colocar entre las cosas por sí mismas deseables y no por causa de otra cosa, porque la felicidad no necesita de nada, sino que se basta a sí misma, y las actividades que se escogen por sí mismas son aquellas de las cuales no se busca nada fuera de la misma actividad (1176b).[1]

---

[1] *Ética nicomáquea.* Traducción de Julio Pallí Bonet. Madrid, Gredos, 1985, pág. 393.

La felicidad es el puerto de la navegación humana, el sumo bien más allá del cual no cabe aspirar a ningún otro: "la felicidad consiste en alcanzar con éxito la meta deseada", escribe Ficino en la carta 1.[1] De no existir tal meta, no alcanzaríamos el bien y viviríamos en un estado de una permanente carencia, siempre insatisfechos y torturados... que es, por lo demás, como viven quienes se dejan arrastrar por sus apetitos (o, viceversa, quienes estiman que el mundo es un valle de lágrimas y que la plenitud sólo puede alcanzarse después de la tumba). Sin embargo, el hombre digno, que se sabe llamado a esa "ambición sagrada de no contentarnos con cosas mediocres, de anhelar las más altas" de las que hablaba Pico della Mirandola,[2] no puede renunciar a una plenitud para la cual ha sido concebido. Esta palabra, plenitud, tal vez resulte menos chirriante para los delicados oídos modernos, siempre que no la confundamos con una mera sensación subjetiva de satisfacción; todo lo contrario, corresponde a una experiencia objetiva en la cual el sujeto está a la altura de su destino, de una misión que le ha sido encomendada (por quién, ya depende de las creencias de cada cual). Sea como fuere, esta visión corresponde a una perspectiva del hombre preñada de teleología: sólo puede alcanzar una meta quien sostiene una cosmovisión en la que ésta existe, y eso es lo que hace el humanismo occidental, pero no la Modernidad

---

[1] *Ed. cit.*, pág. 48.

[2] *Discurso sobre la dignidad del hombre.* Traducción de Silvia Magnavacca. Buenos Aires, Ediciones Winograd, 2008, pág. 213. Sobre las concomitancias entre Pico y Ficino, *vid.* M. J .B. Allen, "Cultura hominis: Giovanni Pico, Marsilio Ficino and the Idea of Man", en *Studies in the Platonism of Marsilio Ficino and Giovanni Pico.* Londres/Nueva York, Routledge, 2017, pp. 33-56, y Ch. Trinkaus, "Cosmos and Man: Marsilio Ficino and Giovanni Pico on the Structure of the Universe and the Freedom of Man", *en Renaissance transformations of late medieval thought.* Aldershot, Ashgate, 1999, pp. 335-356.

secularizada y despojada de otro propósito que la perpetua huida hacia adelante.[1]

Ficino, que es un humanista de los pies a la cabeza –y, como tal, asume que la existencia del hombre no se limita a la perpetuación de la especie mediante el correcto desempeño de las funciones orgánicas de nuestro cuerpo, sino que tiene un sentido y una finalidad–, defiende en toda su obra, y de manera más sumaria y abierta en sus epístolas, que la conjunción de sabiduría y religión, de amor a Dios y servicio al prójimo, es la fórmula idónea para alcanzar dicha meta. Las palabras al respecto de Ficino son muy precisas y unívocas:

> Considero sabio y afortunado a aquel hombre que vive feliz en medio de las calamidades, porque sólo depende de Dios; a quien el miedo no debilita, ni el dolor atormenta; a quien no es corrompido por el deseo, ni inflamado por la pasión. Entre las más agudas espinas, escoge las más hermosas y delicadas flores; de entre la inmundicia, extrae perlas; ve en la noche más oscura; cargado con grilletes y atado con cadenas, corre como si estuviera desatado y libre, hasta que, al fin, el Espíritu Santo sopla sobre él.[2]

Es el conocimiento el que nos permite conjurar la dictadura de las bajas pasiones (el deseo, el temor) y, libres al fin, cumplir nuestra tarea. Significativamente, no apela aquí el autor a la filosofía, sino

---

[1] El agustiniano Hegel y su acólito, el judío Marx, serían la única (y extemporánea) excepción en un contexto intelectual que ha abolido la finalidad como categoría del ser. Y de aquellos polvos, de nuevo, estos lodos.
[2] Carta 20, "Acerca del hombre sabio y afortunado". *Ed. cit.*, pág. 70.

a la sabiduría,[1] la cual "nos otorga la maestría de toda actividad humana", pues "ella nunca vacila, ni se equivoca" (¡qué lejos del escepticismo que en breve, y de la mano de la difusión de la obra de Sexto Empírico, empezará a extenderse por toda Europa!);[2] de otro modo, "ella no sería verdaderamente la sabiduría". Y es que, "'puesto que la sabiduría es la causa de que se alcance la meta, ella es necesariamente todopoderosa en lo que concierne a la felicidad". Dice Ficino:

> Sólo la sabiduría es buena en sí. Y sólo la ignorancia es mala en sí. Puesto que todos deseamos ser felices y la felicidad no puede ser obtenida sin el uso recto de nuestros dones, y dado que el conocimiento revela su uso adecuado, debemos dejar todo lo demás a un lado y esforzarnos, con el apoyo pleno de la filosofía y la religión, en llegar a ser tan sabios como sea posible, pues así es como nuestra alma se volverá más parecida a Dios, que es sabiduría en sí mismo. En esta semejanza consiste el más alto estado de la felicidad, según Platón.

Sin el conocimiento, el hombre no puede discernir correctamente y se ve abocado al error:

> El conocimiento es la causa de actuar bien y con éxito en la posesión, el uso y la operación de todos los dones. El hombre que posee muchos dones y los usa sin inteligencia sufre más daño conforme más posee, pues tiene más para emplear erróneamente. Verdaderamente, cuanto menos hace alguien que es

---

[1] Vid. M. Á. Granada, "Ficino: la restauración de la *Prisca Theologia* como apologética de la religión", en *El umbral de la Modernidad*. Barcelona, Herder, 2000, pp. 128-135.

[2] Vid. R. Popkin, *Historia del escepticismo desde Erasmo hasta Spinoza*, México D.F., FCE, 1983.

ignorante, menos errores comete. Cuantos menos errores comete, menor es el daño que hace. Cuanto menor es el daño que hace, menos miserable es. [...] Para el hombre sabio, tanto las ventajas como las dificultades se vuelven útiles porque él hace un buen uso de unas y otras, para al ignorante se aplica lo opuesto.

Podemos afirmar, sin temor a equivocarnos, que Ficino posee una visión optimista del ser humano que contrasta con la constatación del estado miserable en el que se hallan sus coetáneos. Es decir, la lucidez ante nuestra postración –fruto de no alimentar nuestro espíritu guiándonos por la razón, sino de ceder a los impulsos primarios que tiran de nosotros hacia abajo– no sólo no excluye, sino que espolea el deber de reincorporarnos para estar a la altura de nuestra dignidad. Podríamos decir, parafraseando la célebre divisa, que para Ficino el hombre es un ser que *se rehace* a sí mismo (o, al menos, que está en la mejor disposición para conseguirlo).

Aun con todo, importa advertir que al apelar Ficino a la sabiduría como brújula en nuestra peripecia vital no está decantándose por un planteamiento intelectualista, en el cual el conocimiento se consagraría a la mera elucidación racional de los conceptos adecuados o, menos aún, a la contemplación exenta de los primeros principios: Ficino no se considera un filósofo –al menos, en el sentido que se le daba en su época y que aún conservamos en la nuestra–, y menos aún abraza la doctrina aristotélica respecto a la funcionalidad última del saber (otra cosa es que recepcione su visión teleológica del ser, aunque lo hace sometiéndola a las exigencias de la religión). Importa sobremanera atender a los términos explícitos que plantea el autor acerca de cuáles son las fuerzas motrices que deben guiar al hombre en la *quête* hacia su plena dignidad, o hacia la excelencia si se prefiere. Para no desbordar aquí el marco de referencia textual al que nos estamos ateniendo, que es la lectura de sus cartas, afrontaremos a continuación la de la dirigida a Lorenzo de Medicis, la 115, titulada "Qué es la felicidad, qué grados tiene, por qué es eterna",[1] donde desarrolla ampliamente el tema de la plenitud de la existencia, de sus cauces y sus exigencias. No es la única (la 1 y la 2 versan sobre la misma temática y tienen el mismo destinatario, pero son incomparablemente menos extensas), y constituye un pequeño tratadillo en el cual el autor pergeña una exposición perfectamente articulada en torno a dicho asunto.[2] Vamos a ello.

Comienza Ficino refutando con argumentos clásicos la idea de que el bien al que debe aspirar el hombre sea de índole material: así, rechaza el valor de la riqueza o de los honores, por ser precarios y acarrearnos la preocupación por conservarlos o acrecentarlos; también descarta "los beneficios del cuerpo", esto es, fuerza, salud y belleza, porque pueden perderse en cualquier momento, y nada que no sea permanente resulta (para un espíritu clásico, claro) valioso ni deseable por sí mismo. Prosigue el autor afirmando que "tampoco consiste el más alto bien en el disfrute de los sentidos, porque es precedido por el anhelo, acompañado de la duda y seguido por el remordimiento" . Ninguno de estos supuestos bienes pueden satisfacer a un hombre que aspira a alcanzar la excelencia consustancial al alma, la cual, "por inclinación natural, busca cosas más refinadas" (o más altas). Sin embargo, tampoco las llamadas virtudes racionales ("tales como un intelecto agudo, la memoria y una voluntad vigorosa y dispuesta") ago-

---

[1] *Ed. cit.*, pp. 163-170.
[2] De hecho, el propio Lorenzo había escrito una obrita en verso sobre el mismo, titulada *De sumo bono*, lo cual revela que en los círculos intelectuales en los que se desenvolvía Ficino no era una cuestión menor, todo lo contrario. Vid. F. Ferrarese, *Lorenzo de' Medici, De summo bono. Proposta di edizione critica*. Tesis de Licenciatura. Venecia, Università Ca' Foscari, 2014. Accesible en línea.

tan nuestros requerimientos más profundos y genuinos, "porque si se hace un buen uso de ellas son, en verdad, benéficas, pero si se usan mal, son nocivas". También hace a un lado, de manera expeditiva, las virtudes morales, porque su práctica conlleva un esfuerzo constante y "no encontraremos la meta que pretendemos alcanzar mediante el esfuerzo, sino en el reposo".

La cosa cambia al considerar las que llama "virtudes reflexivas": dándole la espalda a Aristóteles, para quien la contemplación de la verdad constituye el fin último del hombre feliz, Ficino se decanta por Platón, para quien

> está en la naturaleza de nuestro intelecto buscar la causa de las cosas, y después, la causa detrás de aquella causa. Por esa razón, la búsqueda del intelecto sólo cesa cuando descubre la causa tras la cual no hay causa alguna, sino que es ella misma la causa de las causas, y ésa es sólo Dios. [...] Por tanto, la felicidad del hombre reside tan sólo en Dios, de lo que se deduce que nada puede reposar sino en su propia causa Y puesto que sólo Dios es la causa real del alma, ésta sólo en Dios reposa.

Cierto es que el aristotélico Tomás de Aquino, en el *Tratado de la bienaventuranza*,[1] había llegado a la misma conclusión, pero de la mano del Estagirita. Ahora bien, donde Ficino se aparta de Aristóteles y de Santo Tomás[2] es en la consideración de la vía de acceso a dicha unión con Dios: así, mientras que para estos el instrumento idóneo de la búsqueda es el intelecto y el fruto la visión, para

---

[1] Vid. *Suma teológica, I-II*. Traducción de Ángel Martínez Casado *et alii*. Madrid, BAC, 1989, pp. 29-89, aunque también hace referencia al mismo tema en la *Suma contra gentiles*.

[2] Cfr., sin embargo, A. B. Collins, *The secular is sacred. Platonism and Thomism in Marsilio Ficino's Platonic Theology*. La Haya, Martinus Nijhoff, 1974.

Ficino (insertándose así en la fecunda tradición agustiniana) el instrumento adecuado es la voluntad –la voluntad de amar a Dios– y el acto, el gozo.[1] La argumentación es algo alambicada, pero brillante y persuasiva:

El gozo supera la visión. Pues así como se alcanza más mérito ante Dios en esta vida al amarle que al buscarle, así en la otra vida la recompensa es mayor por amar que por buscar. Tenemos mucho más mérito por amar que por buscar, por muchas razones. En primer lugar, porque nadie en esta vida conoce, verdaderamente, a Dios. Sin embargo, un hombre ama a Dios sin que importe cómo le conoce, si desprecia todo lo demás por Su causa. En segundo lugar, de la misma manera que es peor odiar a Dios que ignorarle, es mejor amarle que conocerle. En tercer lugar, podemos hacer un mal uso del conocimiento de Dios, a causa, por ejemplo, del orgullo. Pero no podemos hacer un mal uso de nuestro amor por Él. En cuarto lugar, el hombre que busca a Dios no le rinde tributo, pero aquel que le ama hace a Dios entrega de sí mismo y de todo lo que posee. Por eso, Dios Se da al amante más que al investigador. En quinto lugar, para investigar a Dios empleamos mucho tiempo para hacer un pequeño progreso, mientras que amándole hacemos grandes progresos en poco tiempo. La razón por la que el amor une la mente con Dios más rápida, estrecha y firmemente que la cognición es que el poder de la cognición reside, fundamentalmente, en hacer distinciones, mientras que el poder del amor reside en la unión. En sexto lugar, al amar a Dios, no sólo experimentamos un mayor gozo que buscándole, sino que

---

[1] Vid. T. Albertini, "Intellect and Will in Marsilio Ficino: Two Correlatives of a Renaissance Concept of the Mind", en *Marsilio Ficino: His theology, his philosophy, his legacy*. Leiden, Brill, 2002, pp. 203-225.

nos hacemos mejores personas. Por estas razones, podemos concluir que la recompensa por amar es mayor que la que obtiene la búsqueda humana.

Mientras que el conocimiento es el método adecuado para que el hombre se oriente en la vida, descubra cuál es su misión y trate de llevarla a cabo, no lo es en su relación con Dios, con el cual debe entablar una relación de amor. Y es que mientras que el conocer divide y mantiene separado al objeto y al sujeto, como después desarrollaría Descartes, en el amor se produce la unión entre el amante y el amado, el hombre y Dios:

> El poder de la cognición, como ya he dicho, reside principalmente en hacer distinciones, pero el poder del amor reside en la unión: estamos más estrechamente unidos a Dios mediante el gozo del amor que por medio de la cognición, porque *el gozo nos transforma en el amado Dios*. Así como no es el hombre que ve el bien, sino el que lo desea quien se convierte en el bien, de la misma manera el alma llega a ser divina, no por pensar en Dios, sino por amarle. (La cursiva es mía)

El amor a Dios nos subsume en Él, nos *deifica*, mientras que la aspiración a conocerle (pues la mente nunca podrá hacerlo del todo en vida) está condenada al fracaso. Así como no podemos conocer a Dios por un mero ejercicio intelectual, sí podemos amarle gracias a la voluntad, en la medida en que depende exclusivamente de nosotros.

> La voluntad, dirigida hacia un objeto exterior, disfruta más genuinamente del bien mismo, que lo que pueda disfrutar un concepto intelectual, que permanece como algo meramente in-

terior. Porque el intelecto capta el objeto por medio de una determinada imaginación, mientras que la voluntad pugna por transferirse a su objeto por impulso de su propia naturaleza. El deseo, que es muy variado y continuo, está enraizado en la criatura, pues todas las cosas creadas están siempre deseando algo. La cognición actúa a través de las imágenes que se reciben; es una facultad que pocos individuos poseen, y es intermitente. Por eso, el disfrute del bien es más sustancial por medio del deseo que a través de la visión de la cognición.

Merece la pena acompañar sin mayor comentario a Ficino en su exposición, que aúna la persuasión retórica y la precisión conceptual:

> Por tanto, el disfrute del más alto bien parece ser una propiedad de la voluntad más que del intelecto. El cese del movimiento, que es la felicidad, pertenece precisamente a la voluntad, puesto que ésa es la finalidad del movimiento desde que este se inicia. El intelecto, que comprende las cosas, no tanto a través de la naturaleza de éstas como en virtud de la suya propia, atrae las cosas hacia sí y, por esa razón, no puede decirse que conmueva el alma. Puesto que la voluntad desea percibir las cosas como son, atrae el alma hacia las cosas que están fuera de sí misma y, por tanto, la voluntad es el origen del movimiento. Además, el cese de todo movimiento es externo al alma, pero está finalmente conectado con el alma, en tanto que forma. Gracias a la voluntad, el alma se regocija intensamente en el cese del movimiento, porque aquel que trabaja merece su recompensa. El anhelo y el impulso de alcanzar el bien y de evitar el mal están basados en el deseo, por dos razones: en primer lugar, porque la voluntad recibe de Dios una mayor recompensa que el intelecto, de modo que disfruta de Él más

plenamente y, en segundo lugar, porque el poder de discernir la felicidad pertenece a la voluntad. *Cuanto más ardientemente ama un hombre, más feliz es*, en tanto que se tiende hacia la sustancia misma de la felicidad. (La cursiva es mía)

Y prosigue:

> Conociendo a Dios, reducimos Su medida a la capacidad y comprensión de nuestra mente; mientras que amándole ampliamos nuestra mente hasta el inconmensurable aliento de la divina bondad. Mediante lo primero, reducimos a Dios a nuestra escala; mediante lo segundo, nos elevamos hasta Dios. Porque nuestro conocimiento tiene la misma medida que nuestra capacidad para comprender, pero Le amamos no sólo en la medida en que Le percibimos, sino hasta donde podemos concebir Su divina bondad. extendiéndose más allá de lo que claramente podamos ver. Cuando, velada y débilmente, investigamos en la profundidad de la infinitud de Dios, nuestro amor arde cálida y débilmente, de la misma manera que nuestro gozo. La visión no es la medida del gozo, como algunos creen, porque aquel que ve poco, puede amar mucho y viceversa.

La conclusión no puede ser más clara: "El camino del amor es más seguro para la humanidad y mucho más satisfactorio para el infinito bien". No todos estamos en disposición de conocer a Dios (si fuera ello posible, que no lo es), pero sí de amarle, y además, de hacerlo de manera única y personal, según nuestra propia capacidad. Importa destacar este reconocimiento de la igualdad sustancial de los amantes de Dios –los creyentes– frente al carácter aristocratizante de quienes pretenden ser sus conocedores –los teólogos, los filósofos–, pues se inspira en la fraternidad cristiana y responde plenamente a los postulados del humanismo, para el cual, recordemos, "los hombres individuales, creados a partir de una idea con la misma imagen, son un único hombre". Esta identidad fundamental entre todos los seres humanos no obsta, como ahora vemos, para que cada uno despliegue su singularidad irreductible, al revés:

> Las diferentes almas se regocijan en distintas virtudes y diferentes ideales de Dios, y cada una sobresale en aquella virtud en la que, particularmente; se ha deleitado en esta vida y la cual ha practicado hasta el máximo de su capacidad. Todos los hombres, sin embargo, disfrutan de Dios en su plenitud, porque Él se encuentra en cada uno de esos ideales en toda su plenitud, mas los hombres que mejor poseen a Dios son aquellos que tienen el mejor ideal de Él. Cada hombre entiende la plenitud de Dios según su capacidad, y le disfruta según su amor.

En nuestra mano, pues, en la de todos y cada uno, está el alcanzar la plena dignidad humana, que consiste en gozar del amor a Dios en la medida de nuestra voluntad, es decir, de nuestro esfuerzo; en ello consiste, nada más y nada menos, la felicidad para Ficino: y es que "aquel que halla la felicidad en Dios, la encuentra para siempre".

XI

PICO DELLA MIRANDOLA: FELICIDAD
SOBRENATURAL Y VOCACIÓN DE RETORNO

A pesar de que la actual nombradía de Giovanni Pico della Mirandola se debe a un texto incidental, compuesto como pórtico a sus *900 tesis* (me refiero, claro está, al *Discurso [Oratio]*, título después completado con *sobre la dignidad del hombre*), es en el *Heptaplus* donde encontramos desarrollada, de una manera articulada y coherente, su visión acerca de la naturaleza del hombre y del fin último de su existencia para poder considerarla acorde con su excelencia.[1]

Heptaplus es una palabra que significa "siete veces siete" y si figura como título de esta obra es porque se trata de un texto que interpreta en clave alegórica la narración bíblica de la Creación articulada en siete partes, cada una de las cuales se divide en siete apartados, más un proemio. Únicamente el primer libro carece de prefacio, y en su lugar aparece una advertencia del editor, Roberto Salviati, la dedicatoria a Lorenzo de Médicis y, a continuación, un proemio general, en dos partes, en cuyo contexto el

---

[1] La bibliografía especializada acerca de Pico della Mirandola no deja de crecer. Al respecto, y solo como botón de muestra, pueden consultarse: M. V. Dougherty (ed.), *Pico della Mirandola: New Essays*. Cambridge, Cambridge University Press, 2007. M. Beonio Brocchieri, *Pico della Mirandola*. Roma-Bari. Laterza, 2011. S. Howlett, *Re-evaluating Pico: Aristotelianism, Kabbalism, and Platonism in the Philosophy of Giovanni Pico della Mirandola*. Cham, Palgrave Macmillan, 2021. B. P. Copenhaver, *Pico della Mirandola on Trial. Heresy, Freedom, and Philosophy*. Oxford, Oxford University Press, 2022. A. Edelheit, *A Philosopher at the Crossroads. Giovanni Pico Della Mirandola's Encounter with Scholastic Philosophy*. Leiden-Boston, Brill, 2022.

autor se esmera en detallar cuáles son los motivos que le han llevado a componer la obra y a qué conclusiones doctrinales cree haber llegado.

El libro es un comentario alegórico, a modo de glosa interpretativa en clave espiritual, de los versículos bíblicos donde se narra la Creación, emulando los que compusieron Lactancio, Gregorio de Nisa, San Basilio, San Ambrosio, San Agustín o Juan el Gramático. Algo parecido se propuso hacer Pico: a partir del texto mosaico, ofrecer una visión completa del hombre, de Dios y del proceso que, partiendo del Creador, vuelve circularmente a Él. La exposición, realizada en un lenguaje plástico e imaginativo, está emparentada con el comentario a los Salmos del mismo autor, hasta el punto de que se podría considerar éste como un esbozo del *Heptaplus*.

En el capítulo primero del libro de la Cuarta Exposición, titulada *Sobre el mundo del hombre, es decir, de la naturaleza del hombre*, Pico afirma que "el hombre consta de un cuerpo y de un alma racional",[1] la cual, "desplazándose de las causas a los efectos y retornando de nuevo de los efectos a las causas, se desenvuelve en el ámbito del raciocinio". Cabe retener este movimiento circular de la razón, pues lo encontraremos más adelante. Y sigue:

Sin embargo, entre el cuerpo terrenal y la sustancia celeste del alma era necesario un enlace mediador que conectase entre ellas ambas sustancias, tan distantes entre sí. A esta función fue destinado ese cuerpo sutil e impalpable al que los médicos y los filósofos llaman *espíritu*. (pág. 75)

---

[1] *Heptaplus. La settemplice interpretazione dei sei giorni della genesi*, a cargo de E. Garin. Grugliasco, Arktos, 1996, pág. 75. Las traducciones son mías. Cfr. C. Black, *Pico's Heptaplus and Biblical Hermeneutics*. Leiden-Boston, Brill, 2006.

La parte racional, "gracias a la cual somos hombres", no consiste en una mera capacidad intelectiva de carácter operativo, funcional, que nos permitiría afrontar las vicisitudes de la existencia material con garantías de éxito, sino algo de una índole distinta, pues mantiene un vínculo directo con la trascendencia:

> El intelecto que reside en nosotros está iluminado por un intelecto superior y auténticamente divino, sea este Dios (como algunos quieren) o por el contrario una mente más cercana y ligada al hombre, como sostienen casi todos los griegos, los árabes y numerosos hebreos. (pág. 78)

Bien es verdad que el hombre posee unos sentidos, los cuales

> han sido dados por la naturaleza a todos los mortales para procurarles al cuerpo la vida y la salud, de modo que a través de ellos conozcan aquellas cosas que nos perjudican y las que nos benefician y, tras conocerlas, por el instinto ligado al sentido, desdeñen las primeras y deseen las segundas. (pág. 79)

Sin embargo, corremos el peligro de descuidar nuestra dimensión más elevada y dejarnos arrastrar exclusivamente por aquellas facultades que nos facilitan dicha existencia puramente orgánica, vegetativa, erigiendo en patrón de medida a los sentidos, fuente de todos los errores:

> Durante nuestro exilio de la auténtica patria y nuestra oscuridad en esta vida nuestra, hacemos un uso frecuentísimo de la parte que nos orienta hacia los sentidos, y por ello nos regimos más por la opinión que por la ciencia; mientras que cuando resplandezca el día de la vida futura, separados de los sentidos

y orientados hacia las cosas divinas, entenderemos con *nuestra parte más noble* (pág. 80). La cursiva es mía

Nuestra vida terrenal está presidida por la merma de una plenitud originaria (nuestra "auténtica patria") de la cual nos hemos visto excluidos ("exilio"), lo cual nos condena a la "oscuridad en esta vida"; esta situación se revertirá "el día de la vida futura" (no simplemente en un futuro en esta vida) cuando, "separados de los sentidos" (es decir, ya sin "ropaje mortal"), "entenderemos con nuestra parte más noble", es decir: exclusivamente con el espíritu.

Una vez depuesto este ropaje mortal, con la sola luz del sol contemplaremos lo que, en la presente, tristísima noche del cuerpo, con sus múltiples virtudes y capacidades, tratamos de ver sin conseguirlo; por ello el día resplandece con una única luz mientras la noche, por el contrario, llama a recogerse y reúne con ayuda de la demasiado débil luna muchísimas estrellas, es decir, la capacidad de componer y clasificar, razonar y definir, así como todas las demás funciones que existen.

Esta antropología no tiene nada de novedosa, ni supone una "ruptura" como afirma Ernest Cassirer;[1] por el contrario, se inscribe de manera natural en la línea argumentativa de la *dignitas hominis*, en cuanto constata en el hombre un origen excelente, una situación actual de ofuscación y una esperanza de restitución póstuma. Para poder completar este itinerario existencial con éxito, es preciso guiarse por la parte más elevada de nuestra razón, el intelecto emparentado con el espíritu divino, en lugar de por los sentidos:

---

[1] E. Cassirer, *Individuo y cosmos en la filosofía del Renacimiento.* Traducción de Alberto Bixio. Buenos Aires, Emecé Editores, 1951, pág. 114. Edición electrónica.

El hombre fue creado por naturaleza de manera que la razón dominase a los sentidos y que por su ley se refrenasen los impulsos, tanto de la ira como de cualquier apetito sexual; sin embargo, olvidando la imagen de Dios por la mancha del pecado, míseros e infelices, empezamos a servir a las bestias que viven en nuestro interior y [...] a cohabitar con ellas, a inclinarnos hacia la tierra, deseosos de las cosas mundanas, olvidándonos de la patria, del Padre, del reino y de la *dignidad originaria* que nos fue concedida como un privilegio. (pág. 83)

Pico della Mirandola se atiene en todo momento a los conceptos del humanismo cristiano, desde el propio origen del hombre ("el hombre fue hecho por Dios a su imagen y semejanza") hasta su ubicación y función en el orbe ("para que ejerciese su dominio sobre los peces, las aves y, en general, sobre todos los animales habían producido el agua y la tierra") y, lo que es fundamental, en lo que atañe a su periplo existencial, desde la situación miserable en la cual se hallaba hasta la regeneración operada por la Encarnación de Dios en Cristo:

Sin embargo, como todos nosotros, en el primer Adán (que obedeció a Satanás antes que a Dios y del cual somos hijos según la carne) *degeneramos, degradados de hombres en brutos*, del mismo modo en el nuevo Adán, Jesucristo (que adecuándose a la voluntad del Padre venció con su sangre la espiritual iniquidad y de quien somos hijos según el espíritu, regenerados por la gracia), en la adoración del Hijo de Dios volvemos a gozar de la vida de hombres, siempre y cuando el príncipe de las tinieblas no halle nada en nosotros como no encontró nada en Él. (pág. 84) La cursiva es mía

No percibo en estas palabras ni rastro de la presunta "moderni-dad" que, en la actualidad, quiere detectarse en Pico della Miran-dola, y sí extrema soltura y familiaridad en el manejo de los con-ceptos clásicos de la *dignitas hominis* de la tradición humanista.

Pero demos un paso más. La Séptima Exposición, corres-pondiente al "septimo día" de la Creación (en el cual Dios des-cansó), la dedica Pico a "la felicidad, que es la vida eterna". La utilización del concepto de "felicidad" en este contexto no tiene nada de extraordinario, ya que desde Aristóteles y Séneca hasta Santo Tomás de Aquino aparece asociado, con distintos nombres, al estado de plenitud ontológica del ser (no, desde luego, al psico-lógico de la criatura, según entienden nuestros contemporáneos).[1] Merece la pena detenerse en la lectura minuciosa de este capítulo, pues en él Pico se pronuncia de manera inequívoca en términos plenamente coincidentes con la tradición clásica de la *dignitas ho-minis*, y no –como querrían algunos– en tanto precursor de acti-tudes "modernas".

¿Cómo define Pico della Mirandola la felicidad?[2] Para em-pezar, siguiendo la estela del Estagirita,[3] la califica como "el su-mo bien", es decir, como "aquello que todos desean"; y eso que todos desean es "el retorno de toda cosa a su principio". Es decir, se plantea un movimiento circular (al cual hacíamos referencia más arriba), de reintegración, según el cual "el fin" y "el princi-pio" se reúnen tras una separación. Pico va más allá, al afirmar que "el fin y el principio de las cosas se identifican: son el mismo

---

[1] Vid. mi "En defensa de la (sabia) felicidad" en Culturamas: https://www.culturamas.es/2020/05/22/en-defensa-de-la-sabia-felicidad/

[2] Interesantísimo el análisis de C. Black en el capítulo titulado "Knowledge, Felicitas and Hermeneutics", donde recapitula las fuentes de Pico así como el tratamiento del propio autor del mismo tema en obras anteriores. *Op. cit.*, pp. 177-213.

[3] *Ética a Nicómaco*, libro X, 6 (1079b).

Dios, uno, omnipotente". Para Pico, en el sumo bien se encuentran el reposo y la beatitud, de manera que se constata su condición terminal en la medida en que ya no sería posible codiciar un bien superior a él.

Sin embargo, para Pico existen dos modalidades de felicidad: la natural, que comparten todas las cosas creadas, y la sobrenatural, sólo esta propia de la dignidad del hombre.

La felicidad natural consiste en que toda criatura –la cual, de algún modo, "participa de Dios", en la medida en que ha sido creada por Él– alcance "la completa perfección al conducirse en relación a su naturaleza" (pág. 112). Un árbol o un pez, pues, son capaces de esta felicidad natural, siempre y cuando cumplan el fin para el que fueron creados: el árbol, para dar frutos; el pez, para nadar y criar pececillos. Esta felicidad, sin embargo, es limitada, ya que se atiene a las propias fuerzas con las que cuenta la criatura en cuestión, las cuales, además, no pueden llevarle más allá de sí misma: es una felicidad *intrascendente*, la plenitud de la rosa que "florece porque florece". Pico la califica como "una sombra de felicidad, más que un felicidad verdadera", ya que las cosas creadas "no salen nunca del límite que les impone su naturaleza, mientras que el hombre lo hace casi siempre: es su condición". A través de la felicidad, las cosas creadas vuelven a sí mismas pero no a Dios, de manera que "no regresan a su principio [es decir, al Creador], sino que simplemente no se apartan de sí mismas" (pág. 114). Como diría Spinoza, perseveran en su ser.

El caso del hombre es totalmente distinto, ya que se halla "en una condición superior a la de todos los mortales" (vale decir, los demás seres vivos) al estar dotado "de inteligencia, de libre albedrío, de dones excelsos muy adecuados para conducir a la beatitud" (pág. 112). Sin embargo, estos no bastan para que el hombre alcance la felicidad sobrenatural consistente en la contemplación de Dios, pues nada puede, fundándose en sus propias fuerzas, alcanzar algo superior a él (en ese caso, sería más fuerte que sí mismo), de manera que nada, tendiendo por sí a la felicidad, podrá alcanzar algo más alto o perfecto que su propia naturaleza. (pág. 113)

A diferencia de otros paradigmas que encontramos en el Renacimiento (caso del de Charles de Bovelles o el de Giordano Bruno, aunque en cierto sentido también el de Marsilio Ficino), Pico estima que el hombre no puede alcanzar la felicidad sobrenatural por sus propias fuerzas, que son las mejores –la razón, que es divina–; recordemos que, según se ha descrito, la felicidad consiste en un movimiento circular, de retorno al Creador, y dicho movimiento ni siquiera está al alcance de los cuerpos celestes, que giran *sobre* sí mismos, sí, pero en absoluto lo hacen *por* sí mismos. Pues bien, menos aún podremos nosotros:

> Por naturaleza no somos capaces de movernos en círculo y reflejarnos a nosotros mismos, si bien podemos conseguirlo por la fuerza motriz de la gracia y reflejarnos en Dios.[1]

Aparte, a diferencia del "cielo" (sic), "que se mueve según la necesidad de su naturaleza" (pág. 115), "nosotros nos movemos según nuestra libertad". Así pues, al hombre le corresponde un acceso a la felicidad único en el orden de lo creado; es más: es el propio Creador quien, a través del espíritu, parece llamarle para

---

[1] Para esclarecer este pasaje, he acudido a la fuente original latina, donde se lee: "Tales. n. sumus natura, ut non circumagere nos & reflectere, sed circumagi motrice ui gratiae & reflecti in deus possum". *Ioannis Pici Mirandulæ Omnia opera*, 1506, pág. 58 del pdf. Acceso en línea: https://archive.org/details/bub_gb_TNfBIcYj7-6M-C/page/n3/mode/2up.

que responda al impulso ascensional que se halla inscrito en su alma inmortal, apelando a su más pura vocación:

> La espiritual fuerza motriz golpea continuamente el umbral de tu alma; si te encierras en ti mismo, mísero e infeliz, te abandonarás a tu torpeza, a tu debilidad; si, por el contrario, la acoges, lleno de Dios, a través del ciclo religioso, serás reconducido al Padre, al Señor, para conseguir la vida eterna en Él, que te tenía en sí antes de que vinieses a la vida. (pág. 115)

Esta y no otra, pues, es para Pico della Mirandola la auténtica felicidad la sobrenatural, el sumo bien, el fin para el que fue creado el hombre, la cifra de su dignidad, de manera que rechazarla le convierte en un ser "mísero e infeliz":

> Esta es la auténtica felicidad: en el ser uno con el espíritu de Dios para poseer a Dios, no en nosotros, sino en Él, conociéndole así como nos hemos conocido. De hecho, él no nos conocía en nosotros, sino en Él; así también nosotros le conoceremos en Él tanto como en nosotros. Este es el máximo galardón, esta es la vida eterna, esta la sabiduría que los doctos de este mundo han ignorado: el haber sido reconducidos desde la imperfección de la multiplicidad a la unidad, a través del vínculo insoluble con Él que es la propia unidad. (pág. 116)

La estirpe platónica (neoplatónica, mejor) de esta última afirmación es evidente. Sin embargo, aquello que impide sustraer a Pico della Mirandola del humanismo cristiano es el papel de Jesucristo en el itinerario ascensional del hombre hacia el sumo bien. Y es que, como hemos visto, y a diferencia de los postulados helenizantes, no está al alcance de la razón –por muy divina que se la estime– dar ese salto sideral desde la felicidad natural, consistente en desarrollar de manera adecuada la propia naturaleza, a la felicidad sobrenatural, en la cual nos reintegramos en la unidad del Creador. Para poder acceder a la felicidad sobrenatural es preciso seguir a Cristo:

La religión nos encamina, nos guía y nos impulsa hacia esta felicidad, del mismo modo que para la felicidad natural nos servimos de la filosofía. Que si la naturaleza es un principio de gracia, también la filosofía es un principio de religión, ni existe una filosofía que aleje al hombre de la religión. (pág. 117)

Para Pico della Mirandola, no existe término medio: la dignidad del hombre se dirime en su decisión de abrirle o no la puerta al espíritu y emprender la ascensión hacia Dios; uno *se la juega* en el ejercicio de esa libertad estrictamente personal (pues la toma cada uno de los hombres, por sí y para sí):

Debemos decantarnos por uno de estos dos modos: o por la suma miseria, o por la suprema felicidad. Porque quien no acoge al espíritu motor, no sólo se priva a sí mismo de la gracia, sino que *rebaja su propia naturaleza*; de hecho, forma parte de la integridad de esta que, una vez conocido el espíritu, se lo busque y no se lo desdeñe, y sin duda no puede ser recta una naturaleza que rechaza o desprecia la esperanza de un bien mayor. (pág. 116) La cursiva es mía

Es decir, que al hacer oídos sordos a la llamada de lo alto, no sólo el hombre está renunciando a aquello para lo cual está destinado, sino que abdica de su propia naturaleza, en la cual está inscrita esa *vocación de retorno* a Dios. Uno no puede optar por ser hombre con o sin Dios, sino que, negándose a volver a su Creador, se niega a sí mismo como criatura:

Quien, tras conocer a Cristo, no abraza su fe, no sólo se priva de la felicidad primera [la sobrenatural], sino también de la segunda, es decir, de la felicidad natural, puesto que el no querer la gracia es propio de una naturaleza corrompida y manchada (pp. 116-117).

Difícil no percibir aquí ideas que luego Pascal desarrollará al hablar en sus *Pensamientos* de "la miseria del hombre sin Dios"... En cualquier caso, concluye Pico su disertación acerca de la felicidad del hombre afirmando sin ambages cuál es el alto destino de quienes le abren la puerta al espíritu de Cristo para responder a la llamada de Dios:

Aquellos que viven en el espíritu son hijos de Dios; son hermanos de Cristo, destinados a la heredad eterna que gozarán en la Jerusalén celeste como premio por su fe y su vida buena. (pág. 136)

Estos argumentos no están ausentes de la *Oratio* (compuesta tres años antes del *Heptaplus*), donde Pico enuncia un planteamiento análogo, que ya conocemos y sobre el que volveremos enseguida:

Invada nuestro ánimo una cierta ambición sagrada de no contentarnos con cosas mediocres, de anhelar las más altas.

Sólo así, estando a la altura del enorme reto (y de la gran oportunidad) de recobrar la plenitud perdida, mediante nuestro esfuerzo −un esfuerzo doble: el de nuestro intelecto y el de nuestra voluntad− y con la gracia de Dios, podremos considerarnos dignos del nombre de hombres: criaturas excelentes, únicas en el cosmos, que han respondido a su más íntima vocación existencial y merecen por ello el galardón del más excelso destino.

ENTRE EL SUELO Y EL CIELO.
RETORNO AL HUMANISMO

"Créeme, Torcuato, hemos nacido para cosas más altas".
(Cicerón, *Sobre el supremo bien
y el supremo mal*, 113)

En nuestros días, el "hombre" no tiene quien le defienda: por un lado, nos encontramos con el contrahumanismo y sus máscaras (antiespecismo, animalismo), que le niega su centralidad e incluso lo evalúa como causante de un cataclismo planetario, climático, ecológico, cuando no sideral; por otro lado, el transhumanismo, que le arranca de sus goznes clásicos (cuerpo, identidad personal, pertenencia a una tradición) para prometerle un remedo de la eternidad en forma de "transmigración de los recuerdos". Ambos impugnan el concepto clásico del hombre pero también el moderno, ya que estos comparten una idea del mismo como centro del orbe, "medida de todas las cosas".

En un plano estrictamente intelectual (dejando al margen otros factores de índole social, técnica, científica e incluso meramente material), el antecedente inmediato de este panorama desolador y sus pavorosas consecuencias históricas lo constituyen, por un lado, Friedrich Nietzsche con su proclamación de la muerte de Dios y por otro el estructuralismo, en concreto Michel Foucault y su anuncio de la muerte del hombre, producido pocas décadas más tarde (un suspiro, cuando manejamos magnitudes seculares).

En mi opinión, ambas muertes –o quizás cabría hablar de asesinatos– van de la mano. De hecho, no tiene nada de raro que una y otra se produzcan en un lapso de tiempo relativamente breve –menos de cien años–, pues el vínculo entre el humanismo y

Dios, o los dioses, es una constante en la tradición occidental, desde Platón, los estoicos y Cicerón en adelante.

Es más que probable que el estropicio integral que estamos padeciendo en nuestros días en todos los órdenes de la sociedad tengan sus bases necesarias en la proscripción de toda índole de trascendencia de naturaleza espiritual, sea religiosa o de otro orden. No nos llamemos a engaño: en el plano de los hechos, el antónimo de trascendencia no es inmanencia, sino intrascendencia, esto es, irrelevancia, nihilismo.

Ignoro si esta deriva es reversible; tampoco creo que baste con elaborar diagnósticos persuasivos para poner pie en pared y desviar el curso de una sociedad que parece decidida a entregarse sin resistirse a una extraña pulsión de muerte. Puede que ya sea demasiado tarde y haya poco que podamos hacer. En cualquier caso, es nuestro deber moral no dejarnos arrastrar por la corriente que amenaza con llevárselo todo por delante, y proponer alguna alternativa al desaguisado en el que nos encontramos inmersos.

¿Cuál es esa alternativa? A mi parecer, el futuro de Occidente pasa, de nuevo, por un retorno. Y digo de nuevo porque ya ocurrió en el Renacimiento, cuando el gran "salto adelante" que experimentó nuestro mundo en todos los ámbitos de la cultura pasó por recuperar a los clásicos, no sólo grecolatinos, sino también judeocristianos: no se olvide que los humanistas protagonizaron una encomiable labor de restauración del legado bíblico y patrístico, tanto de carácter filológico como teológico y doctrinal.

Pues bien, este retorno ya tiene un nombre: es el de *rehumanismo*, un concepto pergeñado por Jesús Cotta en 2020, en un artículo publicado en la revista digital Numen, y que ha venido desarrollando en los últimos tiempos con aportaciones de gran valor.[1] Este rehumanismo mantendría respecto al humanismo del Renacimiento la misma relación y funcionalidad que en su momento tuvo éste respecto a la Antigüedad: revalorización de conceptos y tradiciones truncadas, rescate de textos y autores poco conocidos cuando no marginados por el "mainstream" dominante; y, sobre todo, diálogo fecundo e integración crítica de aquellas categorías de las cuales no podemos prescindir, dada su utilidad inmarcesible para calar en lo hondo de lo humano.

Este es el núcleo duro de todo el debate: si existe o no *lo humano* en cuanto tal, más allá de circunstancias y contextos epocales, o por el contrario se trata de una instancia espuria, fruto de una abstracción forzada puesto que (según aducen sus detractores), o bien los individuos constituyen meras mónadas ambulantes, o bien están determinados por condicionantes externos de todo tipo: género, raza, orientación sexual, clase social... En definitiva, está en juego la viabilidad misma de un concepto como el de Humanidad, que a la postre es la auténtica conquista de la cultura occidental, su fruto más preclaro.

Como es natural, un rehumanista tiene la convicción, no sólo de que lo humano existe, sino que defenderlo es la única esperanza para no precipitarnos por el abismo en cuanto especie. Han sido necesarios siglos de esforzada reflexión para avizorar nociones que, hasta hoy mismo, resultan insoslayables: que todas las personas nacemos libres e iguales, dotadas de razón y capacidad de lenguaje; que compartimos una misma naturaleza y estamos llamadas a encontrar "un lugar en el mundo" que dote de sentido a nuestra existencia, en el marco de una sociedad regida por valores morales y una voluntad más o menos explícita de perma-

---

[1] La última de ellas, el libro *Rehumanismo. Una propuesta para el siglo XXI*. Sevilla, Cypress, 2024.

necer, bien en forma de vida de ultratumba, bien en el recuerdo de las generaciones futuras.

Ahora bien, no basta con este *grado cero* de lo humano, por debajo del cual apenas nos espera el hórrido mundo de la bestialidad (que carece de otra perspectiva más allá del aquí y ahora que les brinda su inserción en un mundo plano y sin dimensión moral ni social, por mucho que los etólogos se empeñen en llamar "comunista" a una colmena regida por una reina). La única esperanza, ya no para el humanismo, sino para el propio ser humano, pasa por retomar la senda perdida, aquella por la que transitaron los clásicos de la Antigüedad y, tras ellos, los humanistas del Renacimiento y los que les siguieron. Sí: abogamos por una auténtica restauración.

Este humanismo redivivo, o rehumanismo, no se conforma con mantener intacto el *suelo* que le separa de la animalidad (un suelo, por lo demás, amenazado desde dentro por los contrahumanistas), sino que nos recuerda el *techo* hacia el que debemos aspirar, y que es el que establece una cesura, esta ya insalvable, con cualquier otra criatura del planeta (incluidas, claro las mascotas). Ese horizonte aspiracional que los humanistas de todas las épocas han tenido claro, y que ha sido formulado bajo nomenclaturas siempre cambiantes (*eudaimonía, súmmum bonum*), es el que distingue a la humanidad y la orna de un destino incomparable. Basta con leer a los clásicos (paganos y cristianos) para que se perciba la impregnación teleológica de sus análisis antropológicos.[1] En ellos, el hombre no es únicamente un ser de naturaleza digna, bien por su origen, bien por sus talentos, sino que merece

---

[1] Vid. R. Holte. *Felicidad y sabiduría. Bases de la ontoteología en el pensamiento clásico.* Edición y traducción de José Luis Trullo. Sevilla, Cypress, 2024, edición electrónica.

encomio por estar llamado a algo más alto: de hecho, a lo más alto, ya sea la sabiduría o la salvación.

Para terminar, llamo a comparecer de nuevo a Giovanni Pico della Mirandola, un autor al que con frecuencia se ha querido ver como un moderno *avant la lettre*, cuando lo cierto es que es un pensador que no se aparta un ápice de la tradición humanística anterior.[1] Sacando de contexto una afirmación suya, que por lo demás tampoco era original (la de que la naturaleza humana es "indeterminada" y que está en sus propias manos el degradarse o prosperar), se le atribuye la paternidad del librepensamiento y, casi, de las mismísimas Luces. Lo cierto es que la afirmación de Pico la realiza en el marco de una profunda reflexión que incumbe a ese horizonte aspiracional al que acabo de hacer referencia. Escribe:

> Puesto que hemos nacido en la condición de ser lo que queramos, que nuestro deber es cuidar principalmente de esto: que no se diga de nosotros que, habiendo sido puestos en sitial de honor, no nos hemos dado cuenta de habernos vuelto semejantes a los brutos y a las estúpidas bestias de labor. Mejor que se repita acerca de nosotros el dicho del profeta Asaf: «Sois dioses, hijos todos del Altísimo». De modo que, abusando de la indulgentísima liberalidad del Padre, no hagamos para nosotros nociva en vez de saludable esa libre elección que Él nos ha dado. Invada nuestro ánimo una cierta ambición sagrada de no contentarnos con cosas mediocres, de *anhelar las más altas,* de esforzarnos por alcanzarlas con todas nuestras fuerzas, dado que podemos, si lo deseamos.[2]

---

[1] *Vid.* mi "Pico della Mirandola, ¿moderno camaleón", en *Dignitas, op. cit.,* pp. 173-185.
[2] *Discurso sobre la dignidad del hombre.* Traducción de Silvia Magnavacca. Buenos Aires, Winograd, 2008, pág. 213.

Queda claro cuál es el *deber* (ese es el término que usa Pico) al que ha de responder el hombre si quiere estar a la altura de la dignidad que le ha sido concedida: la de "anhelar cosas más altas", en la línea de la cita inicial de Cicerón. Si la "libertad" congénita de la que disfruta el hombre desde que nace no se emplea para emprender un camino ascensional, estará fracasando en su tarea existencial más propia, pues es la única criatura capaz de acometerla.

La tragedia del mundo contemporáneo, y el desgarro al que se ve sometido el hombre de nuestra época, es que las únicas metas que se le brindan discurren a ras de suelo: son los placeres rastreros, las gratificaciones mundanas, la satisfacción ramplona de los bienes materiales y / o reputacionales. Para desplegar su esencia íntima, su vocación cósmica, el hombre ha de volver la mirada al cielo, apartarla de lo inmediato y sus cantos de sirena.

Como Ulises, para regresar a Ítaca debemos atarnos al palo mayor: moderar las pasiones más primarias, contener los instintos poniéndolos al servicio de cometido dignos, estar a la altura del privilegio que nos ha sido concedido de ser entes dotados de razón, y no meros amasijos de hormonas y neuronas sometidas a la tiranía de nuestro ADN. Para ello, es preciso recobrar la trascendencia como espacio propio de lo humano: devolver el materialismo a su justa medida, la de la investigación del mundo físico, y rescatar conceptos sin los cuales resulta inviable volver a transitar por la senda que abrieron los clásicos: y el más eminente de ellos, el concepto de *alma*. No por azar advierte Yuval Noah Harari que "en esencia, los humanos no somos tan diferentes de ratas, perros, delfines y chimpancés. Al igual que ellos, carecemos de alma" (*Homo Deus*). Así es. Desalmados, los hombres del siglo XXI no son capaces de mirar al cielo: viven reos del suelo. He ahí el origen de todas sus angustias.

PROCEDENCIA DE LOS TEXTOS

Necesidad del humanismo en el siglo XXI (Entreletras, 2023)

Los sueños de una sombra: la moderna invención de Grecia (Uroboro, 2019)

Cicerón y el valor del autoconocimiento para la sabiduría (inédito)

De la autonomía a la providencia: Nemesio de Emesa y la antropología patrística (Humanistas, 2023)

"Guiados por gracia celestial": el humanismo cristiano y el legado grecolatino (Humanistas, 2022)

Petrarca, ¿humanista cristiano? (Humanistas, 2024)

Petrarca (nuevamente) intempestivo (Culturamas, 2023)

Lorenzo Valla y el placer de ser cristiano (inédito)

Leon Battista Alberti, contra la ociosidad degradante (inédito)

Marsilio Ficino: de la *pia philosophia* a *La religión cristiana* (Humanistas, 2023)

Marsilio Ficino: de la miseria del hombre al amor de Dios (Humanistas, 2024)

Pico della Mirandola: felicidad sobrenatural y vocación de retorno (inédito)

Entre el cielo y el suelo: retorno al humanismo (Humanistas, 2023)